Helpal Books
へるぱる
ブックス

イラストと事例でわかる！

JN000097

訪問介護で「できること」「できないこと」

能本 守康　監修・著

世界文化社

はじめに

介護保険制度が始まって24年になります。その間、高齢者の世代交代も進み、価値観、家族形態や高齢者の生活に対する価値観、生活習慣もかなり様変わりしてきました。そのような中、私たち訪問介護に求められる支援内容も、多様になってきていると感じています。

介護保険制度が始まった当初も、現場で判断に悩むような事例はありましたが、それほど多くはなかったかと思います。

しかし近年、生活の中に様々な技術やサービスが導入され、便利になっています。同時に訪問介護で対応する内容にも変化が起きています。家庭内でのICTの活用、電子決済などの現金以外での消費活動の進化、健康志向による食の多様化、そして個人の尊重による価値観の多様化などにより、通り一遍の支援では通用しない時代になりました。

さらには、「多問題家族（ケース）」といわれるような、高齢者と何らかの障害や疾患を持った子との同居、ヤングケアラー、介護離職といった課題を抱えた家族の増加も指摘されています。

そうした中、現場では判断に悩む事例が増え、幅広く柔軟な判断を求められるようになってきました。しかし一方で、守らなければならないルー

ルは、介護保険制度創設時に制定されたままのものが多いという現状があります。もしかすると、それらのルールも時代の変化に応じて適切に見直す必要があるのかもしれません。

そこで、既存のルールを基準に、多様化する様々な「あいまいな事例」を取り上げ、適正な訪問介護サービスの提供とはどうあるべきかを改めて考えたいと思います。本書で取り上げた事例は、『へるぱる』に2017年から連載したものを一部加筆してまとめたものです。読み物としても活用いただけますし、実際に困った事例に直面したときに、類似の事例を探していただくことで、判断のヒントになると思います。事業所内の研修にもお役立ていただけると思います。

これからも皆さまのご期待・ご要望に応えられるような企画を考えていきたいと思います。そして、時代に合った適正な訪問介護サービスの提供が可能となりますよう、皆さまの現場でのご活躍を期待しております。

2024年3月1日

監修・著　能本守康

本書の使い方

事例Q&A

各事例は、以下の構成になっています。

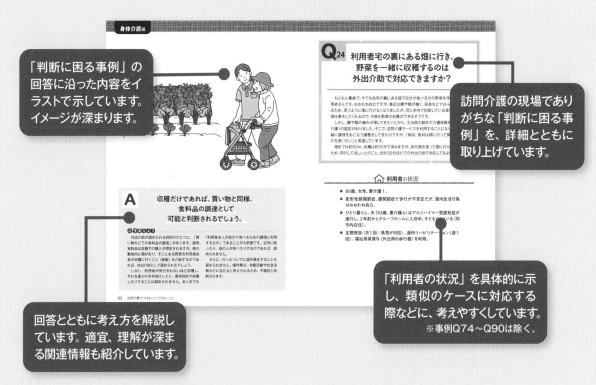

「判断に困る事例」の回答に沿った内容をイラストで示しています。イメージが深まります。

訪問介護の現場でありがちな「判断に困る事例」を、詳細とともに取り上げています。

回答とともに考え方を解説しています。適宜、理解が深まる関連情報も紹介しています。

「利用者の状況」を具体的に示し、類似のケースに対応する際などに、考えやすくしています。
※事例Q74〜Q90は除く。

基本の考え方を解説

事例Q&Aの前には、支援内容ごとに基本の考え方を掲載しています。理解が深まるとともに、本書で取り上げていない事例に関しても、判断のヒントになるでしょう。

ご利用者やご家族の状況によっては、判断が異なるケースも想定されます。困ったときこそケアチームのメンバーと話し合い、よりよいサービスを目指しましょう！
（能本先生）

目次

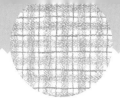

生活援助 編　　　　　　　　　　　　　　　　　　　　　　　　　89

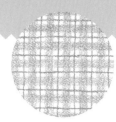

医療行為／生活リハビリテーション／通院介助＆通院等乗降介助編　167

医療行為編

医療行為ではない行為の対応と「これは医療行為？」と迷うケースについて ………… 168

注：本書における「身体介護編」「生活援助編」の区分けは、基本的に「訪問介護におけるサービス行為ごとの区分等について」（P.188〜）
に準じていますが、一部の事例においては混在したり、判断が分かれたりするケースもあります。あらかじめご了承ください。

訪問介護員の役割は
「利用者の自立」をサポートすること

具体的な事例に入る前に、そもそも訪問介護に求められている支援とは何か、訪問介護で「できること」「できないこと」をどう考えるべきなのか、をおさえておきましょう。

ルールの解釈の違いが「あいまいゾーン」を生む

皆さんは訪問介護の仕事をする中で、「あいまいゾーン（一般的には「グレーゾーン」と呼ばれています）」の判断で困ったことはありますか？ そのとき、どう対応しましたか？

介護保険制度などには様々なルールがあります。

「利用者が希望しているから提供することが妥当」とはなりません。まずは関係する法令、省令、通知などをしっかり理解しておく必要があります。

ルールに書いてあることに抵触していれば、それは「あいまい」ではなく、明らかに「してはいけないこと」です。

しかし、制度のルールを読んでみると、あまり具体的には書かれておらず、さらにその読み方によっても解釈に食い違いが生じかねません。そうした場合には、ケアチームのメンバーである他職種の人たちと話し合って判断します。

ケアチームで関わることを忘れない

そもそも介護保険制度は、ケアマネジメントに基づくケアチームで支援する必要があります。メンバーはケースによって異なりますが、少なくとも皆さんが関わる場合は、利用者及び家族、訪問介護員（サービス提供責任者）、主治医、ケアマネジャーが構成員になるでしょう。

まずはケアチーム全員で利用者が今後どのような生活を希望しているのかを共有します。そのうえで、訪問介護員に求められる支援を明確にします。そうはいっても、可否を判断することは難しいでしょう。専門職間で検討し、利用者の同意も得てサービスを始めたものの、「運営指導で指摘されたら……」などの不安が残るかもしれません。ですから、判断するうえで基軸となる考え方を他職種間でしっかりと持っておくことが重要になります。

2つのケースで自立支援を考えてみよう

Aさん　習慣的に家事をしてこなかった元重役

自立とは"生活意欲の向上"も含みます。「体は思うように動かないが、楽しく、前向きに生きていきたい」と思えることも自立です。

そう考えるとAさんの場合、未経験の家事を強制的にやらされるのは、個人差はあるにせよ、楽しい人生とは言えないでしょう。

となると、適切な食事が摂れるよう調理支援することで、病気の再発を防ぎ、身体機能を向上させ、健康的な生活を維持でき、自立につながるかもしれません。

その可能性を他職種（医師、管理栄養士、理学療法士、薬剤師、ケアマネジャーなど）と協議し、必要と認められれば、生活援助（調理）が妥当と判断されます。

Bさん　習慣的に家事をしてきた元主婦

ケガをして、生活援助での掃除支援を希望しましたが、複数の専門職の見立ては廃用症候群。訪問介護員が支援したら、意欲のさらなる低下が懸念されるので、生活援助は不適切と判断されます。この場合、それをどう伝えるかが肝心です。

「Bさんの健康を考えたとき、必要なのは体を動かすことです。掃除をやめてしまうと、ますます体が動かなくなる可能性があります。大変かと思いますが、私たちと一緒に掃除をして、ご自分でできるように目指しましょう」など、納得してもらえる説明が必要です。

同意が得られたら、提供されるサービスは身体介護の「自立生活支援・重度化防止のための見守り的援助」になります。

サービス開始後も、進捗状況や新たな課題、変化があれば、速やかにケアマネジャーに報告しましょう。

その利用者にとっての「自立」を検討する

大前提として、サービス提供の可否は「自立支援に該当するか」で判断されます。その際、「利用者にとって、何が自立になるのか」を本人をはじめ他職種間で認識し、共有していることが必要です。

ここでいう自立とは、

● 体の動きとしてのADL的な自立
● 生活意欲などのメンタル的な自立

があり、どちらかにプラスの効果が期待できることを指します。

理想は体の動きがよくなり、それに伴い生活意欲も高まることですが、進行性の疾患などで身体的な自立がかなわない人もいます。それでも、「動けなくても、楽しみを感じながら生活を続けたい」「家族のために生きたい」などの意欲を高められれば、立派な自立支援です。

つまり、"サービスを提供することでそのような効果が期待できるか"が判断の基準になります。この考え方は、訪問介護に限らず、あらゆるサービスを提供する際に同じ視点で検討しなければなりません。

訪問介護ならではの注意点も忘れずに

さらに、訪問介護は居宅で日常生活を直接支援するサービスのため、本人ができることまで支援してしまいがちな面があります。特に生活援助は支援内容が家事であるため、利用者の今までの生活習慣、身体機能、家族支援の可能性など、幅広く、より慎重に検討することが求め

られます。具体的には、

● その支援をすることが利用者の望む暮らしの実現に効果があるか

● 利用者が自分でできることを支援してしまっていないか

● 生活援助は利用者の療養環境の維持につながる目的になっているか

等です。これらを検討するには現場で考え、決めていく判断力を身につけることが求められます。そのためには考える道筋が大切です。

本書では全90の事例をもとに、その判断基準を示しています。似たようなケースを担当した際、「訪問介護計画書にはないけれど、この利用者さんには○○の支援が必要では？」「"あいまい"な内容だけど、本当にできないのだろうか？」など、利用者ごとに異なる状況を考えながら道筋を見つけるヒントとしてください。単純に「できる・できない」だけで判断せず、より適切なサービスを継続できるよう取り組んでいきましょう。

こちらも重要

判断の根拠となる 3つの視点

利用者本人の援助 かどうか

介護保険制度などの社会保障はあくまでも給付対象者（利用者）のための支援であることが条件です。しかし生活場面では、利用者と家族との線引きをすることが難しい場面が多くあります。「利用者本人のためか」を常に意識しましょう。

日常生活の援助 かどうか

日常生活かどうかの判断は非常にあいまいになる部分です。利用者にとってはすべてが生活です。しかし、訪問介護員はすべてを支援できません。あくまでも日常的に繰り返される最小限の生活上の支援かどうかがポイントになります。

非医療行為 かどうか

訪問介護員は医療行為はできません。しかし一方で、以前は医療行為とされていたことが、一部非医療行為として訪問介護員もおこなえるとする通知が出ています。まずは法（医師法第17条など）を確認しましょう。

身体介護 編

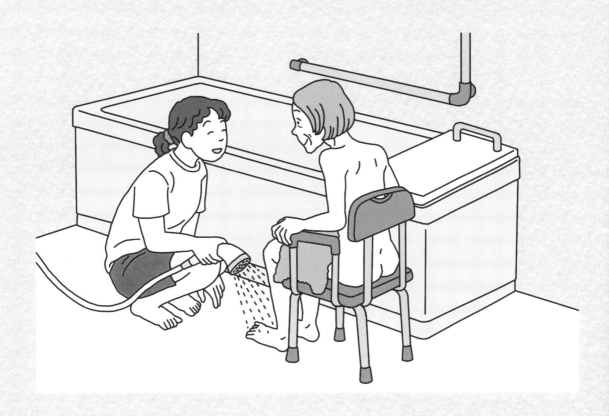

適切な身体介護を
おこなうために重要な視点

人間が生命を維持するために欠かせない「食事、排泄、睡眠」を中心に、利用者の体に触れて支援するサービスが身体介護です。具体的な内容に入る前に、皆さんに考えてほしいことがあります。まずは、そこから触れたいと思います。

「自立支援」と「安全・安心」どちらを優先すべきか？

人間としての3大尊厳は、

● 口から食べる
● トイレで排泄する
● 自分の足で歩く

です。しかし、誤嚥のリスクなどが高まると、経管栄養などの手法が用いられ、失禁などが起こると、ポータブルトイレや紙おむつが用いられます。転倒のリスクが高まると、車いすが用いられます。

経管栄養、ポータブルトイレや紙おむつ、車いす——。介護の仕事をする皆さんには、違和感がないかもしれません。事故を未然に防ぎ、安全・安心な介護を目指すとき、これらはとても便利で必要なものでしょう。しかし、人間の尊厳と自立生活を考えると、経管栄養や紙おむつなどに代表される方法は、自立を阻害することにもなりかねないものです。

決して、これらを否定するわけではありません。ですが、安易に導入されている現実があるのなら、そこはもう一度「安全・安心」と「自立支援」を天秤にかけてみてください。

どちらが重要なのか、どのように介助を進めていくかを利用者やその家族を交えて、ケアチームで話し合い、決めることが必要です。

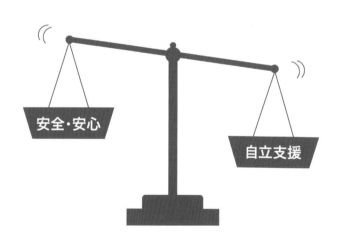

安全・安心

自立支援

まず、おさえておこう！

身体介護が必要な人の状態像

支援内容により異なる点もありますが、

● 歩行や移乗が困難で、移動等に介助が必要

● 上肢などに機能障害があり、動作に介助が必要

● 上肢には機能障害はないが、視覚障害などにより介助が必要

● 認知症などで見当識障害があり、介助が必要

● 心疾患等があり、動作も緩慢で常時見守りや一部介助が必要

● 意欲や意識レベルが低下していて、自発的に動けない

といった人などが想定されます。

※すべての「介助」は「一部介助」も含む。

介助の方法としては、

訪問介護員の直接的介助

＋

自立生活支援・重度化防止のための見守り的援助

こちらも身体介護に該当するので、適切に判断しましょう。

ホームヘルパー ← サービス提供責任者 ← ケアマネジャー ← 医療職 など

（必要に応じ、対応を求める）

といった流れですぐに伝え、連携します。

訪問介護員には、そういった役割があることを理解しながら、1人ひとりの支援にあたりましょう。

そして忘れてはいけないのが自立支援の観点です。

例えば、食事は「食の好みや食事を摂る方法（自助具の使用）」や場所、環境」、入浴は「入浴時の習慣やこだわり、入浴をして清潔を保ちたいという気持ち」など、利用者の思いをできるだけ尊重します。

特に身体整容は「生活リズムを整え、生活意欲を高める」「社会参加にもつながり、心理的・精神的な自立にも結びつく」など、「利用者の自立」をサポートする介助といっても過言ではありません。

あらためて振り返ろう！

身体介護をおこなうときの注意点

食事中であれば誤嚥や摂取量、入浴中であれば転倒や溺水、移動が伴う介助であれば転倒、排泄であれば排泄物の状態など、利用者の健康状態や安全に配慮することが重要です。抱えている疾患によっては、悪化させないための支援も求められます。

健康状態に関して介助中に気付いた変化があれば、速やかな対応が必要なため、

Q1 尿意・便意があいまいなため トイレ介助をしても、不発に終わることが多いです。それでも支援を継続していいですか?

　2年前にアルツハイマー型認知症と診断され、1年前から介護保険サービスを利用している利用者さんです。尿意・便意があいまいで、意思表示ができるとき、できないときがあり、念のため紙パンツを着用していますが、本人はまったく気にしていません。むしろ、「トイレに行くのは面倒だから、紙パンツでいい」と言うときもあります。

　できればトイレで介助したいのですが、訪問介護では決められた時間でしか対応できないため、トイレに行っても出なかったり、既に紙パンツに排泄していたりする場合があります。それでもトイレでの排泄介助を継続したほうがよいでしょうか?

🏠 利用者の状況

- 80歳、女性、要介護3。
- アルツハイマー型認知症。歩行などの動作は自立だが、失認・失行があり、家事動作や排泄動作などに介助が必要。
- 長男夫婦と同居。平日の日中は長男夫婦が仕事のため、日中独居。朝と夜の食事時は、長男の妻が紙パンツ交換などの介助をおこなっている。
- 訪問介護で受けているサービスは、身体介護(排泄、食事、口腔ケアなど/週3回、12〜13時)。
- デイサービス(入浴も含む。週3回)を利用。

はい

デイサービスでの
排泄リズムがわかったら
また報告します

サービス提供責任者

Aさんのトイレでの
排泄介助は今後も
継続してください

Aさん

担当ホームヘルパー

A 歩行が自立しているのですから むしろトイレでの排泄介助は 継続すべきです。

こう考えよう

　この利用者の場合、尿意・便意があいまいではありますが、まったくないわけではありません。ですからトイレでの排泄介助を試みることは有効といえます。ただし、現在の12時から13時という訪問時間が、利用者の排泄リズムに合っているかどうかは、再度アセスメントしてもよいかもしれません。

　例えば、ただ単に「昼食の食事介助に合わせて排泄介助もしましょう」といった理由で時間が決まったのであれば、排泄リズムに合っていない可能性があります。

　本当に排泄の自立を目指すのであれば、デイサービスと連携し、デイサービス中の排泄リズムを確認してもらいましょう。その結果を受けて、訪問介護の訪問時間を決めるのもひとつの方法です。

　また、可能であれば、朝夕の家族による排泄介助も、トイレで介助をしていただけるよう相談してみるとよいでしょう。

Q2 自己導尿の利用者から、「体調がよくないときだけ手伝ってほしい」と頼まれました。対応しても大丈夫ですか?

普段は導尿用のカテーテルの消毒なども含め、利用者さん自身でおこなっています（排便は訪問看護による摘便などで管理）。

しかし、天気が悪い日などは体調を崩しやすく、つらいようで「体調がよくないときだけでいいから、導尿を手伝ってもらえないかな」と言われました。

一緒に暮らしている奥さんは、視力が低下しているため、「怖いのでできない」という状況です。このようなケースであれば介助してもよいでしょうか。

🏠 利用者の状況

- 70歳、男性、要介護4。

- 1年前に階段から転落して脊椎損傷、下半身麻痺、常時車いす使用。上肢は自立だが下肢はまったく感覚がない。

- 妻（66歳）と2人暮らし。妻は緑内障の治療中で、視力低下がある。子どもは2人いるが、ともに遠方で生活している。

- 定期巡回型訪問介護で受けているサービスは、身体介護（起床・就寝／毎日）。

- 定期巡回型訪問看護（排便も含む。週3回）、訪問入浴（週2回）、福祉用具貸与（介護ベッド、車いす）を利用。

A

導尿自体は医療行為に当たるため訪問介護員による支援はできません。

 こう考えよう

　どのような理由があっても、利用者の代わりに導尿することは不適切です。訪問介護でできる範囲は、「カテーテルを渡す」「使用したカテーテルを消毒容器に戻す」といった程度です。

　そのため、このケースの場合、定期巡回型の訪問看護も利用しているので、体調不良時は臨時の対応として訪問看護師に介助してもらいましょう。

　このように、在宅で医療的ケアが必要な利用者が増えています。ストーマや留置カテーテル、気管切開などのたん吸引など、基本的には医療行為ですが、一部条件付きで認められている行為もあります。

　さらに、排泄を促す目的での腹部マッサージなども注意が必要です。「マッサージ」という目的でおこなうことは不適切です。排泄介助の一環で、腹部をさする程度は制限しませんが、腹部に圧力をかけすぎて内臓にダメージを負わせるリスクもあります。実施には細心の注意が求められるほか、このような事案の解釈は、まず国から出ている通知等をよく読んで普段から確認をしておくことが重要です。

Q3 時々ふらつきがあり、トイレでの排泄介助を支援していますが何もする必要がないことが多いです。現状の支援内容でいいのでしょうか?

　トイレでの排泄介助を支援していますが、自立歩行が可能な利用者さんで、時々ふらつきがあるため、声かけ・見守りで付き添っています。排泄動作もできるため、トイレ中は廊下で待っています。

　そのため、体に触れるような介助をしなくてもよい場合が多いのですが、ケアプランでは、「1人での移動は転倒のリスクがあるため見守りが必要」となっていて、自立生活支援のための見守り的援助として身体介護の算定になっています。

　もっとも、訪問の目的は利用者さんができない家事（調理、洗濯、掃除）が中心で、その際にトイレに行くときは見守りをおこなう程度です。排泄介助の必要性を感じないことが多いのですが、このまま続けていてもよいのでしょうか?

利用者の状況

- 80歳、男性、要介護2。

- 半年前に脳梗塞を発症し、後遺症で左半身不全麻痺。歩行は室内であれば伝い歩きできる。外出時は介助が必要。食事や排泄、入浴などは一部介助が必要。

- ひとり暮らし。入院後、介護老人保健施設に入所してのリハビリを経て、先月在宅復帰。妻は2年前に他界。子どもはいない。

- 訪問介護で受けているサービスは、身体介護（排泄時の自立生活支援のための見守り的援助、足浴など／週3回）、生活援助（調理、洗濯、掃除／週3回）。

- 通所リハビリテーション（入浴も含む。週2回）、福祉用具貸与（歩行器）を利用。

A

支援の目的について確認しつつ
利用者の状態を観察・報告し、
適切な支援を検討していきましょう。

こう考えよう

この利用者の場合、入院を経て介護老人保健施設に入所し、そこでリハビリをおこなっての復帰で、在宅に戻ってからまだ1カ月です。おそらく今後も身体機能の改善の可能性があります。

ケアプランでは、今後の改善を見込んで、現状では見守りをおこない、転倒などのリスクを回避することを狙っているのかもしれません。ですから、今後状態が改善すれば、トイレでの排泄時の見守り的援助は必要でなくなる可能性

があります。そのあたりの経緯が事業所内で明確に把握できていなければ、再度ケアマネジャーに確認をとりましょう。

ただし、このケースでは、朝や夜間など、訪問介護や通所リハビリテーションを利用していない時間帯のトイレでの排泄における転倒リスクが気になります。例えば、1人のときはポータブルトイレを使用するなど、リスク回避策が図られているのであれば安心です。そのあたりも確認してみましょう。

Q4 排泄介助時、便座カバーが尿で濡れていました。取り換えても問題ないですか?

排泄介助でトイレを使用した際、便座カバーが尿でビショビショでした。介助の際に失禁・失敗したわけではなく、訪問前から濡れていたようです。便座カバーの取り換えはサービスに入っていないのですが、この場合は換えても構いませんか?

 利用者の状況

- 83歳、男性、要介護2。

- 1年前に脳梗塞を発症し、後遺症で左半身不全麻痺。

- 妻（72歳、要支援2）、長男家族（孫は小学生の男児2人）との6人暮らし。長男夫婦は仕事で日中不在。妻は腰痛がひどく、下校後の孫の様子をみる程度のことはできるが、家事などはできない。

- 訪問介護で受けているサービスは、身体介護（排泄など／平日週3回）。

- デイサービス（入浴も含む。週2回）、福祉用具貸与（介護ベッド）を利用。

A 目的がトイレでの排泄介助であれば、それを円滑に快適におこなうための行為は制限しないので交換しても問題ありません。

 こう考えよう

この便座カバーを汚したのが利用者本人でない場合でも、利用者の介助のために必要な行為とみなされます。便座カバーの替えがあれば、むしろ交換もしくは取り外すことはすべきでしょう。ただし、このようなことが続くのであれば、便座カバーの対応について今後どのように

するのかを協議する必要があります。

ちなみに取り外した便座カバーを洗濯するなどの行為は、洗濯が支援内容になければ対応できません。洗濯機に入れるか、洗濯かごに入れておく程度にとどめましょう。

Q5 一部介助の利用者から「初めから食べさせてほしい」と頼まれました。対応できますか?

　新規契約をして1カ月が経過した利用者さんです。最初のうちは、こぼしながらも自分で食べていたのですが、疲れてしまうのか、最近は「食べさせてほしい」と訴えるようになりました。

　訪問介護計画書では、「左手を使って食べることを声かけや見守りで支援する。疲労や震えがあれば食事介助もおこなう」となっているので、介助できなくはないのですが、頑張ればまだ自分で食べられそうなときも介助を求めてきます。

　本来は頑張り屋で、入院中は同じ病気の患者さんと「どちらが先に退院できるか」を張り合いながらリハビリに励んでいたそうです。しかし、自宅に戻ってからは、徐々に依存的な言動が目立ちはじめました。

🏠 利用者の状況

- 80歳、男性、要介護3。

- 半年前に脳梗塞を発症し、後遺症で右半身不全麻痺。嚥下状態は特に問題なし。

- 妻（83歳）と2人暮らし。妻は変形性膝関節症があり、要介護1。家事は何とかこなせるが、最近は症状が思わしくなく、夫の介護までは手が回らない状況。子どもはいない。

- 訪問介護で受けているサービスは、身体介護（食事や排泄時の自立生活支援のための見守り的援助など／週4回）。

- 通所リハビリテーション（左手を使って食べる練習／週3回）、福祉用具貸与（介護ベッド、車いす）を利用。

でも前回より、こぼさず召し上がれていますね。ご自分で食べるとやっぱりおいしいですよね

左手、少しお疲れですか？

<table>
<tr><td>**A**</td><td>全介助は適切ではありません。
"自分で食べるメリット"を上手に伝え、
自立に向けた支援をおこないましょう。</td></tr>
</table>

 こう考えよう ....

　片麻痺の人の場合、利き手交換を試みることはよくありますが、初めのうちはうまくいかないことが多いようです。作業療法士の前では一生懸命取り組んでいても、自宅で、しかも訪問介護員が目の前にいると、やってほしいと思うことは想定されます。しかし、その要望に応えて介助をしてしまうと、左手の機能低下など、自立とは真逆な支援となり、不適切と判断されます。

　そのため、「自分で食べたほうがおいしいこと」「ホームヘルパーがいないとき、自分で食べなければならないこと」「練習したことを日常生活でおこなわなければ、また機能が低下してしまうこと」などを、わかりやすく伝えてみましょう。

　また、この利用者の場合、退院時に話し合った目標について一緒に振り返りながら、「達成するよう、応援しています！」などと励ますのもよいでしょう。その際、強制や説得のような声かけは避け、本人が意欲的になれる配慮が必要です。さらに、主治医やリハビリ専門職の見立てが重要になるので、継続的に支援の方向性や改善の可能性などを共有しながら進めていきましょう。

Q6 寝たきりの利用者です。「起きると疲れるので、寝たまま食べさせてほしい」という依頼は受けてもいいのでしょうか？

　5年前からパーキンソン病を患っている利用者さんです。サービス開始当初は、歩行もでき、一部介助で自宅のお風呂での入浴もできていましたが、今では生活面のすべてが全介助状態です。

　食事（ペースト食）もベッド上で摂っています。介護ベッドを起こせば座位保持は可能ですが、むせやすいため、ゆっくりとした介助が必要です。そのため疲れるようで、最近では「横になったまま食べたい」と言うようになりました。

　研修では「寝たままで食事介助をしてはいけない」と教わりましたが、実際、介助中につらそうな表情を見せ、半分ほど食べただけで「もういらない」と言うことがあります。このままの支援を続けてよいのか悩んでいます。

 利用者の状況

- 75歳、女性、要介護5。

- 夫が他界した5年前頃から体調を崩し、パーキンソン病を発症。現在は、自力での起き上がりや座位保持も難しい状況。

- ひとり暮らし。夫は5年前に他界。子どもはいない。夫婦仲がよく、夫ががんで他界したときは、一時、意欲喪失状態に。

- 訪問介護で受けているサービスは、身体介護（食事、排泄、起床・就寝など／毎日）、生活援助（調理、買い物、掃除、洗濯など／毎日）。

- 訪問看護（週2回）、訪問入浴（週2回）、福祉用具貸与（介護ベッド、車いす）を利用。通院も難しいことから、最近、訪問診療に切り替えを検討。

もう少しベッドを斜めにしましょうか？横になって食べるより安全ですよ

おつらいですか？

A

安全面からも、おいしく食べるためにも、起きて食事をしてもらうことが優先です。どうしても起きられないのであれば、せめて側臥位（そくがい）で対応しましょう。

こう考えよう

利用者の状況に応じて、支援内容を検討することは必要ですが、寝たまま食事をするのは、窒息など命に関わる危険が伴うため、受け入れるのは難しいでしょう。

寝たまま食べるのを避けたほうがよい理由はいくつかありますが、一番は舌の動きです。舌は起きている姿勢、つまり水平の状態で正常に動くので、例えば仰臥位（ぎょうがい）になると、舌が立つような状態になります。高齢者の場合、舌が重力によって喉の奥に下がり（舌根沈下）、気道を塞ぐため、窒息の恐れがあります。

この利用者のように、神経難病や麻痺がある場合は特に注意が必要です。命の危険がある以上、対応すべきではありません。「起きているのがつらいのですね。では、今までよりも少し斜めにしてみましょうか。横になって食べるより安全ですよ」など、本人にもわかりやすく伝え、納得してもらいましょう。

しかし、進行性の病気であれば、いずれ起きることも食べることも難しくなると考えられます。「そのときの状態に合わせ、食事形態を変えていく」「側臥位で少しずつ食べる」など、介助方法を検討していきましょう。最終的には医療的な対応になるかもしれません。

Q7 夫婦ともに要介護です。2人同時に食事介助をしても問題ないですか?

3年前から、ご主人の食事介助をしていました。ところが、一緒に暮らしている奥さんも2カ月前に自宅の階段で転倒し、要介護に。現在は夫婦で自宅にベッドを並べた形で生活しています。1日2回、配食弁当の食事介助をしているのですが、同じ訪問の中で、ほぼ同時に2人の食事介助が必要です。このような対応は可能でしょうか?

 利用者の状況

※長男夫婦と同居。長男は仕事で日中不在。長男の妻は在宅ワークで、家事はできるが介護はあまりできない。

夫
- 85歳、男性、要介護5。
- 3年前に多発性脳梗塞を発症し、四肢の筋力が低下。脂質異常症。認知症も進行し、自分では動作を的確におこなうことが難しい状態。ほぼベッド上の生活で全介助状態。
- 総義歯だが合わなくなってきており、食事(刻み食)は入れ歯を外して食べている。歯がないため不安定。誤嚥のリスクが高く、飲み込むペースを確認しながらの介助が必要。
- 訪問介護で受けているサービスは、身体介護(食事、排泄など日常生活はほぼ支援を受けている/毎日)。
- デイサービス(入浴も含む。週3回)、福祉用具貸与(介護ベッド、エアマットレス、車いす、スロープ)を利用。

妻
- 82歳、女性、要介護4。
- 転倒により頸椎を損傷し、ほぼ四肢麻痺状態。入院中にリハビリに励んだが、あまり回復をみることはなかった。便秘傾向にあるため下剤を処方。意思疎通は自立。
- 口腔状態は良好で、嚥下状態も特に問題ないが、摂取動作は全介助。意思表示はできるので、希望を聞きながらの介助。
- 訪問介護で受けているサービスは、身体介護(食事、排泄など/毎日)。
- デイサービス(入浴も含む。週3回)、訪問リハビリテーション(週2回)、福祉用具貸与(介護ベッド、車いす、スロープ)を利用。

A

問題ありませんが、夫婦それぞれの状態に合わせた介助が求められます。

こう考えよう

　夫婦は一緒に食事するのが自然です。よって、2人同時の食事介助は可能ですが、理想は訪問介護員も2人体制による支援です。とはいえ、実施には人員の関係などで難しいことも考えられます。

　その場合、例えば2人への食事介助やその後の服薬、口腔ケアなどをおこない、合計で1時間かかったのであれば、夫婦それぞれ30分ずつの算定が可能です。実際には2人への介助が混在しても、計画上は30分ずつ、個別のサービス内容を定める必要があります。事前に本人や家族に説明し、保険者にも確認しておきましょう。

　では実際に、この夫婦に食事介助をする際の留意点を考えてみましょう。

　まずご主人ですが、認知症による誤嚥のリスクや義歯の問題もあり、一口ずつゆっくりとしたペースで介助する必要があります。姿勢も座位が望ましいため、できればベッドから離れて、車いす等での介助を心がけましょう。

　奥さんは意思表示できるので、次に何を食べたいか、食事を口に運ぶタイミングなど、コミュニケーションを図りながらの介助が求められます。また、リハビリを継続して上肢の機能が少しでも改善したら、リハビリ専門職と連携し、自助具の活用など、自立に向けた支援が求められます。

Q8 熱めのお風呂を希望しますが、要介護の利用者には体に悪いと思います。このまま続けていいのでしょうか?

温泉巡りが趣味で、大のお風呂好きな利用者さんです。自宅でも熱めのお風呂に長年入り続けてきたそうで、「設定温度は44℃にしてほしい」と言われています。お湯がはねると熱いため、訪問介護員も音を上げています。デイサービスも週2回行っていますが、「ぬるくてダメだ」と入浴は自宅を希望しています。そもそも健康面で問題がないか心配です。

 ## 利用者の状況

- 78歳、男性、要介護2。
- 半年前に脳梗塞を発症し、後遺症で左半身不全麻痺。
- ひとり暮らし。妻(79歳、要介護5)は2年前から施設に入所している。子どもは3人いるが、全員遠方で生活している。
- 訪問介護で受けているサービスは、身体介護(入浴、更衣、身体整容など／週3回)、生活援助(調理、掃除、洗濯、買い物／週3回)。
- 訪問看護(週1回)、デイサービス(週2回)、福祉用具貸与(介護ベッド、歩行器)を利用。

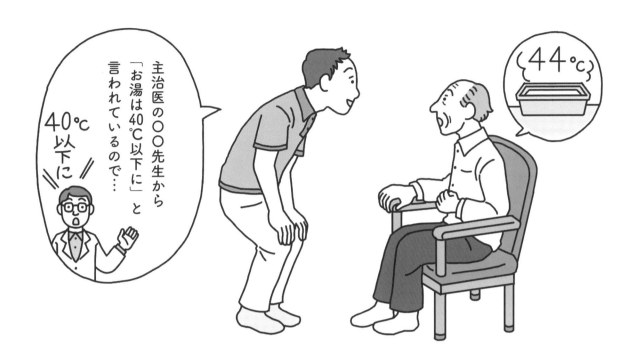

A 好みは尊重したいところですが、 体に与える影響を説明し、 控える方向で支援しましょう。

 こう考えよう

　要介護の高齢者の場合、何らかの疾患があり、熱いお風呂や長湯などによって体に悪影響を及ぼすことが多々あります。そのため、入浴介助をする場合、好みよりも安全性を優先しなければなりません。

　まずは主治医の意見書で、適切なお湯の温度に触れてもらいましょう。記載がなければ、後からでも確認できます。「お医者さんから言われているので」と伝えれば、利用者も納得しやすいものです。

　たとえ疾患に影響がなかったとしても、一般的に高齢者は皮膚が弱く、熱いお風呂の後に皮膚が乾燥し、場合によってはかゆみなどにつながることがあります。そのあたりも含めて説明してください。また、お風呂上がりに水をかける習慣のある利用者もいますが、同様に懸念される影響を説明し、避けてもらうように努めましょう。

Q9 ほぼ全身麻痺の利用者です。自宅の浴槽がかなり深く、短パンでも濡れてしまいます。水着で介助しても構いませんか?

意識はしっかりしているものの、ほぼ全身の筋力が低下し、立位の保持や歩行はできない利用者さんです。よって入湯時は、介助者も湯船に足を入れて支える必要があります。

訪問入浴も試しましたが、自宅浴を希望したため、男性ホームヘルパーによる全介助で対応してきました。しかし、毎回かなり濡れてしまうため、お湯の量を少なめにする案も挙がりましたが、「肩までつかりたい」という希望から取り入れられませんでした。

移動用リフトはスペース的に入りません。そこで担当のホームヘルパーから、「水着で介助してもいいですか?」と相談を受けたのですが、可能でしょうか?

利用者の状況

- 81歳、男性、要介護5。

- パーキンソン病でステージ4。服薬で身体機能を維持してきたが、最近はADLはほぼ全介助。

- 妻(76歳)、娘(47歳、パート、夫とは離婚)、小学生の孫との4人暮らし。施設や入院は希望せず、最期まで自宅での生活を希望している。

- 訪問介護で受けているサービスは、身体介護(入浴／週2回)。

- 訪問診療(月1回)、訪問看護(週2回)、福祉用具貸与(介護ベッド、エアマットレス、リクライニング車いす、スロープ)を利用。

標準的なサービスを超えているので難しいですね。他の案を考えましょう

ケアマネジャー

Sさんの入浴介助ですが水着で対応するのはどうでしょう?

サービス提供責任者

A 水着に着替えてまで入浴介助をおこなうことは不適切といえます。

 こう考えよう

　訪問介護における基本的な考え方は「主体性の尊重」と「自立支援」ですが、そのためなら何でも対応できるわけではありません。介護保険における訪問介護サービス、また訪問介護員という専門職として対応することを考えると、この対応は度が過ぎていると判断されるでしょう。

　自宅の浴室での入浴を強く希望していても、移動用リフトが入らないのであれば、浴槽用リフトや天井からの固定式リフト等での対応を検討しましょう。

　場合によっては設備に多少費用がかかりますが、自宅での入浴介助を希望するのであれば、そこも含めて利用者に判断してもらうことが自立支援につながります。訪問介護員による人的介助だけでは限界があることを伝えましょう。

Q10 とても長湯の利用者です。以前からの習慣で、入浴前後の介助を含め、約2時間かかります。思いを尊重し、支援できますか？

　利用者さん自身がケアマネジャーと相談し、依頼してきたケースです。デイサービスや訪問入浴なども検討したそうですが、本人の希望を受け、主体性を尊重し、また痛みの軽減という目的もあることから、訪問介護での対応が最終候補として残ったそうです。

　調子がよいときは一部介助、寒い日などは痛みが強くほぼ全介助です。入浴の際は、前もって部屋や浴室を十分に暖めておく必要があります。通常でも浴室をシャワーで暖めてから入浴します。

　まずは20分ぐらい入湯し、体を温めます。その後、洗身し再度入湯10分。その後に洗髪。再び入湯し、30分ほどかけて手指などを自分でマッサージするため、入浴前後の介助も含め2時間はかかります。すべてを介護保険で対応してもよいのでしょうか？

🏠 利用者の状況

- 75歳、女性、要介護2。

- 慢性関節リウマチで、寒い日や朝方に関節の痛みが強い。日中も日によっては痛みがあり、家事などを十分にこなせないことがある。

- ひとり暮らし。結婚歴はあるが、結婚10年ほどで離婚。子どもはいない。

- 訪問介護で受けているサービスは、身体介護（入浴など／週3回）、生活援助（家事全般／週3回）。

- 訪問リハビリテーション（週2回）、訪問看護（週1回）、福祉用具貸与（介護ベッド、歩行器）を利用。

A 様々な条件によっては支援できますが、この場合は自費での対応がふさわしいでしょう。

こう考えよう

慢性関節リウマチによる痛みがあり、入浴など体を温めることで痛みの軽減が図られるのであれば、介護保険による訪問介護での対応は認められます。まずは、主治医の意見書などでその効果を確認しましょう。

しかし、2時間の支援すべてを身体介護で算定するには、常に身体に対する介助（移動、体幹保持、洗身など）をしていることが必要です。

例えば、入湯中は何もすることがなく、そばにいるだけなら、その時間は身体介護での算定は不適切です。見守っているという考え方もありますが、見守らなければならない状態（座位が不安定で沈み込んでしまうなど）でなければ適切とはいえません。ですから、このケースの場合、一連を自費での対応にしたほうがよいでしょう。

Q11

体重が80kgあるため、入浴介助は訪問介護員2人体制でも限界がきています。それでも対応するのが適切ですか？

　昔からお風呂が大好きで、元気な頃は奥様との温泉旅行が趣味。全国の著名な温泉地は行きつくしたという利用者さんです。自宅の浴室もこだわりがあり、浴槽は檜。大きく開放的な窓からは、庭の木々を見ながら入浴できます。浴室の広さも介助するには十分な広さです。

　医師による入浴許可は出ていますが、体重が80kgあり、訪問介護員2人がかりでもやっとで、湯船の中でも支えが必要です。シャワーチェアや浴槽台など自助具は揃っていますが、全介助のため体を持ち上げる場面が何かと多く、担当のホームヘルパーが音を上げています。訪問入浴も試しましたが、「入浴した気がしない」と、自宅の浴槽での入浴を強く希望しています。

🏠 利用者の状況

- 80歳、男性、要介護5。

- 脳梗塞の後遺症で左半身麻痺。移動や更衣、排泄など全面的に介助を要する。意思疎通は、発語が不明瞭なことはあるが認知症はなく、自立している。

- 妻（82歳）と2人暮らし。妻も高齢で、利用者が大柄（体重80kg）なこともあり、介助はできない。子どもは2人いるが、ともに遠方で生活している。

- 訪問介護で受けているサービスは、身体介護（排泄、更衣、身体整容など／毎日、入浴／週2回）。

- 本人の強い希望で、デイサービスやショートステイなどの施設は利用していない。福祉用具貸与（介護ベッド、床ずれ防止用具、車いす）を利用。

A できるだけ利用者の主体性を尊重し、自宅での入浴が継続できるよう、検討しましょう。

 こう考えよう

　要介護5で、ほぼ全介助であっても、「自宅のお風呂に入りたい」という意志があるなら、それをサポートすることが自立支援につながるため、基本的には自宅での入浴の継続を検討しましょう。しかし同時に、訪問介護員の負担も考慮しなければなりません。現状の支援方法を見直す必要があるでしょう。

　このケースに限らず、今後の介護は体重の重さにかかわらず、「持ち上げない介護」が主流となります。ボディメカニクスを考慮したトランスファー技術の習得やリフトの導入など、介護の最新技術、最新機器類を積極的に活用しましょう。利用者に費用負担が生じる場合もありますが、自立した生活、希望する生活を保持するために必要な支援方法であることを丁寧に説明して、理解してもらいます。

　しかし、リフトなどが入らない浴室もあります。他の方法を検討しても困難な場合、自宅での入浴は限界といえるかもしれません。その際には、ケアマネジャーなどを交えて、利用者にきちんと説明することが求められます。

Q12 爪白癬が
かなり進行した利用者の
入浴介助は担当できますか？

（つめ　はく　せん）

　両足の爪のほとんどが白く盛り上がり、ところどころ崩れてきています。洗身の際、傷つけないか不安なほどですが、このまま入浴介助を続けても問題ありませんか？　また、裸足で介助しているので、感染しないか心配です。

🏠 利用者の状況

- 82歳、男性、要介護1。

- 糖尿病性神経障害、網膜症で歩行が不安定。視力も低下しているが、食事や排泄は自立。

- 妻（85歳）と2人暮らし。妻も持病があり、家事は何とかできるが、介護はできない。子どもは1人（娘）いて、同じ市内で生活しているが、姑の介護で支援が難しい。

- 訪問介護で受けているサービスは、身体介護（入浴、更衣、身体整容など／週3回）。

- 訪問看護（週1回）、福祉用具貸与（歩行器）を利用。

ケアマネジャーに連絡して主治医の先生に診てもらおう

かなり症状が悪化しているようだし……

介助して大丈夫ですか?

担当ホームヘルパー

サービス提供責任者

A 入浴の可否を含め、まずは主治医や皮膚科医に相談するのが適切です。

見た目がどうであれ、自分たちで判断せず、主治医等に入浴してもよいかの判断を仰ぎましょう。その際、介助するときの留意点についても聞いておきます。さらに、訪問介護員が裸足で介助しても大丈夫か、浴室用シューズを使用したほうがよいかなども併せて確認しておきましょう。また、このケースの場合、訪問看護を利用しているので、訪問看護での入浴対応に切り替えることも検討してみましょう。

訪問介護は複数の利用者に関わる仕事です。

しかも、多くの利用者は病気を患い、なかには感染する病気をもっている人もいます。介助をするうえで、自分たちが感染しないよう予防策を講じることを常に心がけなければなりません。

もしも利用者から「人の家の風呂に靴で入るのか！」などと言われたとしても、あらかじめ医師から説明があれば、納得してもらえるケースが多いものです。医療職と積極的に連携する姿勢をもちましょう。

Q13 「妻の入浴介助中に 一緒に入りたい」と利用者の夫が 希望します。訪問介護員が 関わらなければ、可能ですか?

　高齢夫婦世帯で、奥さんが訪問介護サービスを利用しています。ご主人は自立していますが、「お風呂を二度沸かすのがもったいないから一緒に入りたい」と言い、奥さんも望んでいます。

　2人で日帰り温泉などに行くのが趣味だったそうで、自宅のお風呂も大工だったご主人の手作りで、洗い場も広くゆったりとしています。以前から、自宅では夫婦一緒に入浴してきたので、奥さんも一緒だと安心するようです。

　ご主人には一切触らず、介助しなければ問題ないのでしょうか?

利用者の状況

- 75歳、女性、要介護3。
- 変形性股関節症、膝関節症で歩行が困難。車いす移動で室内は自走可能。食事や排泄は自立だが、軽度の認知障害がある。
- 夫(78歳)と2人暮らし。子どもはいない。
- 訪問介護で受けているサービスは、身体介護(入浴、更衣、身体整容など/週4回)。
- 通所リハビリテーション(週2回)、福祉用具貸与(介護ベッド、車いす、スロープ)を利用。

A 制度上の解釈では、
制限する根拠はありません。
基本的には主体性を尊重することになります。

 こう考えよう

　例えば食事介助の際、隣で家族が一緒に食事をしても制限はしないと思います。同様に、入浴も「一緒にしてはダメ」という根拠はないと考えられます。ですが、浴室が狭く、訪問介護員と合わせて3人が入ることで介助に支障が出たり、家族が入ることで手順が妨げられ、結果的に時間が長くかかるなどの影響があったりすれば、適切とはいえません。

　その場合、時間を長く算定することはできな

いなどの理由を説明し、理解してもらいましょう。それでも「どうしても一緒に入りたい」と言うのであれば、自費対応にしたほうが無難といえます。

　自費での対応が難しい場合、妥当な方法を考えるのであれば、利用者が入浴した後、お湯が冷めないうちに、すみやかに家族に入浴していただくといった提案をしてみましょう。

Q14 家族が前夜入ったままで
浴槽が汚れています。
洗ってもよいですか?

　日中独居の利用者さんの入浴介助をしています。息子さんと同居していますが、仕事で帰宅時間が遅く、父親である利用者さんの介護はほとんどできないばかりか、洗濯物がたまり、台所も食器が山積みで、家の中が汚れてきています。週2回入浴介助で入っていますが、利用者さん以外のことなので見て見ぬふりをしている状況です。

　しかし、浴室に関しては夜に入浴したままの状態で、しかも前回入浴介助してから、お湯を入れ替えた様子はなく、しばらく掃除もしていないようで水垢でヌルヌルしています。このような場合は、滑って危険なので掃除してもよいでしょうか?

🏠 利用者の状況

- 76歳、男性、要介護3。

- 2年前に脳梗塞を発症し、左半身不全麻痺。移動は車いすを使用。食事や排泄は自立。

- 長男(48歳、会社員、独身)と2人暮らし。妻(72歳、要介護5)は昨年、転倒して寝たきり状態になったため、施設に入所した。

- 訪問介護で受けているサービスは、身体介護(入浴、更衣、身体整容など/週2回)。

- 訪問看護(週1回)、通所リハビリテーション(週3回)、配食サービス(毎日)、福祉用具貸与(介護ベッド、車いす)を利用。

サッと汚れを
落とす程度に!

A 最低限の対応、
すなわち安全確保と不快さの除去程度の
掃除ならばよいでしょう。

 こう考えよう

　基本的には同居家族がいる場合、生活援助は対応できません。しかも、このケースは身体介護として支援していますので、生活援助を現場の判断で追加することはできません。

　ですが、身体介護をする際には、それに付随する準備も当然含まれます。入浴の際にお湯を張る、入浴後の簡単な清掃や換気などは、身体介護に含めて算定します。

　このケースの状況では快適な入浴ができないので、汚れた水を抜き、ヌルヌルした浴槽を簡単に洗って安全を確保することは適切です。そこにどれくらいの時間をかけるかにもよりますが、例えば入浴の準備として5分、上記のような対応をしてからお湯を張ったとしても、それ自体は生活援助の算定には該当しません。

　あくまでも入浴介助の一連行為に含まれると判断します。洗剤でしっかりと浴槽を磨き上げるなどの対応は不適切ですので、くれぐれも注意してください。

Q15 利用者が自分で入れ歯をはずさない場合、訪問介護員はどこまで対応していいですか？

汚れなどの衛生面に加え、感染症なども気になるので、入れ歯の手入れをしたいです。訪問介護員が口に指を入れて入れ歯をはずしたり、入れ歯を歯ブラシで磨いたり、どこまで可能ですか？

 利用者の状況

- 73歳、女性、要介護2。

- 3年前からアルツハイマー型認知症を発症し、進行中。歩行はできるが、見当識障害があり、トイレなどは誘導が必要。尿意・便意もあいまいになってきており、紙パンツを使用。食事は夫が声かけして食べている。

- 夫（78歳）と2人暮らし。夫は家事や通院は何とかおこなえるが、身体介護までは難しい。子どもは2人いるが、ともに遠方で生活している。

- 訪問介護で受けているサービスは、身体介護（清拭、更衣、身体整容、口腔ケアなど／週4回）。

- デイサービス（入浴も含む。週3回）、ショートステイ（月8日／週末）を利用。

A これらの行為自体は 医療行為にはならないので 入れ歯をはずすことも磨くこともできます。

入れ歯を使用していても口腔内にトラブルがなければ、口の中に指を入れて入れ歯をはずし、歯ブラシで入れ歯を洗浄することは可能です。

しかし、自分で入れ歯をはずすのを嫌がる利用者の口に、訪問介護員が指を入れてはずすのは大変でしょう。認知症などで拒否反応がある場合、無理に入れ歯をはずそうとすると、指を噛まれる恐れもあります。ですから、声かけやうまく誘導するなどして、自分ではずしてもらうことを優先してみてください。

また、滅多に壊れるものではありませんが、はずした入れ歯を洗浄する際は丁寧に扱いましょう。装着する際も、金属部分などで口の中を傷つけないよう慎重におこないます。

Q16 歯ブラシで磨いた後、歯間ブラシで仕上げてほしいと頼まれました。問題ないですか?

　利用者さんから、「口の中を清潔に保ちたいので、歯磨きの後、歯間ブラシで仕上げてほしい」と希望されました。歯磨きは問題ないですが、歯間ブラシは訪問介護員が介助しても大丈夫でしょうか。

 利用者の状況

- 68歳、女性、要介護2。
- 慢性関節リウマチで、手指の関節などが変形し、力を入れることや細かい作業ができない。
- 夫 (68歳) と2人暮らし。夫は農業を営んでおり、介護の時間はあまりとれない。子どもは1人いるが、遠方で生活している。
- 訪問介護で受けているサービスは、身体介護 (更衣、身体整容、口腔ケアなど／週4回)。
- 訪問看護 (週1回)、デイサービス (入浴も含む。週3回)、福祉用具貸与 (介護ベッド、車いす) を利用。

歯間ブラシで
仕上げますね

事前に専門職の指導を
受けるとベスト！

なるほど

このように
動かしてください

A 歯間ブラシも医療行為などには該当しないので介助は可能です。

こう考えよう

歯間ブラシは、口腔の状態を改善するのによい方法です。歯磨きと併せておこなうことでより効果が期待できます。ただし、自身でも使用している人ならわかると思いますが、歯間ブラシの扱いは結構難しく、自分以外の口腔となれば、より扱いづらいでしょう。

介助自体は問題ありませんが、利用者の口腔状態によっても対応の善し悪しがあります。まずは歯科医師や歯科衛生士の指導を受けたうえ

で実施したほうが無難でしょう。

歯科医師や歯科衛生士は、利用者の身体状況がよくなくて通院できない場合、自宅に来て指導をしてくれます。口腔状態に課題がある場合はケアマネジャーと相談して、訪問歯科診療を検討しましょう。そのうえで、歯間ブラシが適切ということであれば、訪問介護員も同席して、指導を受けてからの使用をお勧めします。

Q17

歯磨きをしたら出血が。
口内炎のようですが
介助を続けても大丈夫ですか?

これまで、奥様が献身的に介護をしてきましたが、長年の介護で体調を崩してしまい、現在は訪問介護などのサービス利用を増やして対応しています。

奥様も口の中までは気が回らなかったようで、口腔ケアをおこなった際、数カ所から出血があり、多少痛みもあるようです。口内炎のようですが、利用者さんは「前からそうだから、気にせず、このまま介助してほしい。少し出血したほうが、血の交換になっていいんだ」とも言っています。続けてもよいのでしょうか?

🏠 利用者の状況

- 80歳、男性、要介護2。

- 5年前に脳梗塞を発症し、後遺症で右半身不全麻痺。自助具などを使い、自分でできることはおこなっているが、口腔ケアなど、繊細な動きが求められる動作は難しい。

- 妻(77歳)と2人暮らし。妻は体調を崩しており、何とか家事はこなしているが、夫の介護はできない状況。子どもはいない。

- 訪問介護で受けているサービスは、身体介護(食事、排泄、口腔ケアなど/週4回)。

- デイサービス(入浴も含む。週3回)、福祉用具貸与(介護ベッド)を利用。

A 介助を中止して、すみやかに 歯科医院などの受診を勧めましょう。

 こう考えよう ....

　たかが口内炎と軽く見てはいけません。たとえ軽い症状だと利用者が訴えても、出血が見られたら医療につなげるのが適切です。抵抗力が落ちていれば、感染症などのリスクもあります。早期治療、処置を優先しましょう。訪問看護が入っていれば、すぐに連携を図ります。

　出血の原因も訪問介護員が判断することはできません。口内炎や歯周病などがよくある原因ですが、その他の病気の可能性もあるので、まずは歯科医院や口腔外科などの受診を勧めましょう。口腔用の軟膏などが処方されていれば、訪問介護員が塗布することは可能です。

　出血しやすい人の日常の口腔ケアは、食後に「スポンジのような柔らかいブラシで優しくブラッシングする」「歯科医師などから口腔殺菌洗浄剤などが出されていれば使用する」といった対応で予防が図れます。また、食べ物も硬いものはなるべく避けるよう、介護のプロとして助言しましょう。

Q18

元気な頃は和装だったので、「デイサービスに行く日は髪をお団子にしてほしい」と。引き受けてもよいですか?

　元日本舞踊の師範で、美容にはかなり気を遣っている利用者さんです。元気な頃は日常的に着物で、髪も毎日結っていたそうです。さすがに今は洋服ですが、デイサービスに行く日は髪をきっちりまとめてほしいと頼まれました。

　左半身に麻痺があるため、自分ではうまくできず、介助を求めています。手慣れた訪問介護員であればサッとできますが、経験のない訪問介護員だと時間がかかって困っています。なお、右手は動かせるため、できる限りのことは自分でおこなっており、簡単な化粧も一部介助でおこなっています。

利用者の状況

- 73歳、女性、要介護3。
- 脳梗塞による後遺症で左半身麻痺。一時期は介護老人保健施設で寝たきりに近い状態だったが、リハビリに励んだ結果、歩行はできないが車いすでの移動は自立。念願の自宅復帰を果たした。
- ひとり暮らし。結婚歴はない。以前は日本舞踊の師範として活躍。
- 訪問介護で受けているサービスは、身体介護（更衣、身体整容など／週4回）、生活援助（調理、掃除、洗濯、買い物／毎日）。
- デイサービス（入浴も含む。週3回）、福祉用具貸与（介護ベッド、車いす）を利用。

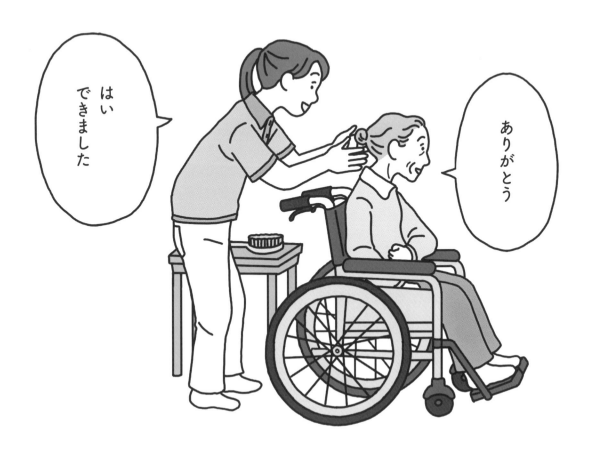

はい
できました

ありがとう

A

程度にもよりますが
お団子にすること自体は可能です。

 こう考えよう

「これはOK」「あれはNG」という明確な基準はありませんが、介護保険制度などの社会保障で対応できる範囲内でなければならないことから、目安として、髪を結うことの難易度や所要時間などで判断します。

専門的な技術を要するものや、何十分もかかる整髪は不適切といえるでしょう。髪を束ねたり、お団子程度だったりすればギリギリ対応可能かと思います。

ただし、訪問介護員によっては、簡単なお団子ヘアといわれても、経験がなく、髪をまとめるのに四苦八苦することもあるでしょう。人員に余裕があれば、得意な訪問介護員が担当することで対応できますが、そうではない場合、「お団子ができる」ことを基準として、担当を決めるのは本来の目的からずれてしまいます。対応については事前に協議し、必要であればケアプランの変更や自費対応なども検討しましょう。

Q19 介助中、利用者の鼻毛が伸びていることに気付きました。伝えると「鼻毛を切って」と頼まれたのですが対応できるのでしょうか?

　半年ほど前から身体整容を担当しています。ある日、電気シェーバーでひげを剃っていると、利用者さんの鼻から鼻毛が飛び出ていました。「伸びていますよ」と伝えたところ、「はさみで切ってほしい」と言われました。

　これまでは何とか自分で処理していたのですが、病気が進行して切れなくなったそうです。同居の奥様も持病があり、自分のことで精いっぱいの様子です。老計第10号を見ても鼻毛の処理について触れられておらず、判断に困っています。

利用者の状況

- 85歳、男性、要介護4。

- 多発性硬化症で、両上下肢に麻痺があり、ほとんどの生活行為が全介助。意思の疎通は自立。

- 妻（77歳）と2人暮らし。妻は変形性膝関節症があり、要介護1。子どもは3人いるが、全員遠方で生活している。

- 訪問介護で受けているサービスは、身体介護（身体整容、排泄、更衣など）、生活援助（家事全般）。妻も支援を受けているため、毎日、交互に入っている。

- デイサービス（入浴も含む。週3回）、訪問看護（週2回）、福祉用具貸与（介護ベッド、車いす）を利用。

飛び出した部分だけを
鼻毛専用のはさみで
一時的に切るのは
OK

A 状況によっては、専用のはさみであれば切っても構いませんが、継続的な支援は難しいでしょう。

こう考えよう

　厳密には、はさみを使って髪などを切ることは、理・美容師法によって制限されています。

　しかし、「今からデイサービスに行くのに、鼻から少し飛び出している鼻毛が気になって出かけられない」などの場合、先が丸くなった鼻毛専用のはさみを使い、その部分だけを訪問介護員が切ったとしても、法に触れるという解釈にはならないでしょう。

　ですが、鼻の中まではさみを入れ、念入りに切るといった行為は不適切といえます。この利用者の場合、訪問看護も利用しているので、定期的に鼻毛の処理が必要であれば、そちらで対応してもらうほうがよいでしょう。

スプレータイプの白髪染めで、髪を染めてほしいとお願いされました。引き受けても問題ないですか?

外出には介助が必要な利用者さんで、月1回の通院以外、ほぼ自宅で過ごしています。ある通院日の朝に整髪していると、鏡を見て、白髪が目立っていることに気付いたようで、「スプレータイプの白髪染めがあるので染めてほしい」と頼まれました。これまで前例がなく、引き受けてよいのか困ってしまいました。

歩行は何とか伝い歩きできますが、家事などの手を使う細かい作業は介助が必要です。食事や排泄、入浴などは自助具を使い、不自由を感じながら何とかご自身でおこなっています。このような状況であれば、対応できるのでしょうか?

🏠 利用者の状況

- 75歳、女性、要介護2。
- 3年前に慢性関節リウマチを発症。服薬治療を続けてきたが徐々に進行。現在は手指の関節などが変形し、力を入れることや細かい作業ができない。
- ひとり暮らし。夫は3年前に他界。子どもは2人いるが、ともに遠方で生活している。
- 訪問介護で受けているサービスは、身体介護(身体整容、更衣など/毎日)、生活援助(家事全般/週3回)。
- デイサービスは体験利用したがなじめなかった。通院はボランティアに頼っている。福祉用具貸与(介護ベッド、車いす)を利用。

A

スプレータイプであれば可能です。
しかし、その場での対応は
確認を要します。

こう考えよう

スプレータイプであれば、整髪料を使うのと大差なく、時間的に1～2分でしょうから、サービスの提供時間に影響はないでしょう。とはいえ、身体整容は計画されていたとしても、白髪染め自体が訪問介護計画書に記載されていない行為であれば、対応の可否をケアマネジャー（ホームヘルパーは事業所経由で）に確認するのが適切です。その場で連絡し、判断を仰ぎま

しょう。了解が得られたら、目に入らないように注意しながら対応します。

クリームやムースタイプなど、他にも様々な作業が伴い、染めるのに時間をおく必要がある場合は、手が込んだ対応になるので不適切と判断されます。訪問理美容などの活用を勧めましょう。

Q21 車いすの利用者の外出介助を担当することに。坂が多いため訪問介護員2人体制で介助してもいいですか？

　移動には車いすが必要ですが、つかまれば立ち上がりができ、室内であれば数歩程度は歩行できるため、排泄や入浴（シャワー浴）は一部介助でおこなえ、その他に関しては、おおむね自立している利用者さんです。

　食料品を購入するため、外出介助と買い物中の介助を頼まれましたが、住んでいる地域は坂が多く、一番近いスーパーでも片道30分はかかります。

　体重は60kgほどあり、1人では大変なので訪問介護員2人で対応したいのですが可能ですか？　ちなみに通院等乗降介助を提案したのですが、車に酔うため、今回の支援内容で依頼されました。また、電動車いすも提案しましたが、操作が怖いとのことです。

 利用者の状況

- 82歳、女性、要介護3。

- 20年前から関節リウマチを患い、移動には車いすが必要。

- 夫（85歳）と2人暮らし。夫も脳梗塞の既往があり、自分のことで精一杯。子どもは2人いるが、1人は遠方、1人は隣の市で生活しているが、義両親の介護で支援が難しい。

- 訪問介護で受けているサービスは、生活援助（掃除、洗濯、調理／週3回）。夫も要介護1なので、家事はそれぞれの目的に応じて時間を区別して対応している。

- 訪問診療（月1回）、訪問看護（週1回）、福祉用具貸与（介護ベッド、車いす）を利用。デイサービスは見学したが、送迎の車に酔うため利用には至らず。

A 2人体制での支援は可能ですが、十分な根拠が必要です。

食料品を購入する目的ですから、外出介助としては対応可能です。また、屋外で車いすを自走するのが困難な利用者であれば、訪問介護員が押しながら移動する必要があります。さらに、近所に坂道が多く、最短距離のスーパーでも片道30分はかかるとのこと。

こうした条件を踏まえると、1人での介助が体力的に難しいのであれば、2人で車いすを押すなどの介助は認められるでしょう。

ただし、こうした対応の必要性がサービス担当者会議などで話し合われ、その必要性をしっかり示し、他職種間で合意形成されなければなりません。また、サービス提供記録にも2人体制でおこなう必要性がわかるような記載があるとよいでしょう。例えば、「1人は後ろから押し、1人はロープを使って車いすを前から引く」などが考えられます。

Q22 電動シニアカーを使用している利用者に付き添う形で外出介助はできますか?

　1カ月ほど前からサービスに入っている利用者さんです。変形性膝関節症で、室内はつかまるものがあれば歩行可能です。屋外も庭先程度ならば杖歩行が可能ですが、外出時は電動シニアカーを使用しています。

　以前に車と接触事故を起こして以来、1人では不安があり、最近は外出を控えていたそうですが、先日、「外出時(近くのコンビニや月1回、数100m先にある病院までの通院など)に、ついてきてほしい」と外出介助の依頼がありました。

　ご本人は電動シニアカーで、訪問介護員は徒歩です。このような支援は対応可能ですか?

🏠 利用者の状況

- 77歳、男性、要介護2。
- 変形性膝関節症で、日によって痛みの強さに変動はあるが、食事や排泄などの室内生活行為はおおむね自立。
- ひとり暮らし。妻とは10年前に離婚。2人の子どもとも疎遠に。
- 訪問介護で受けているサービスは、身体介護(入浴[おもに見守り]/週2回)、生活援助(掃除、洗濯、調理/週3回)。
- 福祉用具貸与(介護ベッド、電動シニアカー)を利用。

A 外出介助として対応することはできません。
自費サービスが妥当でしょう。

こう考えよう

　ご存じの通り、老計第10号において、外出介助は身体介護に分類されています。身体介護とは、直接身体に触れる介助です。

　この利用者の場合、歩行が困難とはいえ、「室内歩行はつかまるものがあれば可能。屋外も庭先程度ならば杖歩行が可能」という状況です。電動シニアカーの乗降や運転も自分でできるのであれば、身体介護には該当しません。

　ちなみに、自立生活支援・重度化防止のための見守り的援助も身体介護ですが、これは「利用者自身が何かの動作をおこなうために、その都度、訪問介護員が動作の助言などをおこない、同時進行で必要に応じた支援をすること」になります。今回のケースは、電動シニアカーで移動する際の事故防止が目的のようですので、見守り的援助にも該当しないといえます。よって、自費での対応になるでしょう。

夫婦ともに要介護ですが歩行は可能なため、訪問介護員1人で夫婦2人の外出介助を担当してもいいですか?

　長男夫婦（共働きで日中は不在）と同居しているご夫婦です。主治医から、「家に引きこもらず、できるだけ外出して社会との交流を持つように」と言われていますが、ご夫婦で一緒に通っている週3回のデイサービス以外の日は2人とも家の中でじっと過ごしています。

　家事に関しては長男夫婦が夜間や週末に対応し、食事や排泄などは自立しているため、訪問介護サービスの利用はなかったのですが、引きこもりがちな状況を受け、長男夫婦から今回、初めての依頼がありました。

　そこで、買い物リストを預かり、買い物がてら、近くのスーパーまでご夫婦の外出を支援する提案が出ました。身体的には自立しているため、2人とも見守り程度で歩行は可能です。1人のホームヘルパーが2人の外出介助をしても大丈夫でしょうか?

利用者の状況

夫
- 84歳、男性、要介護1。
- 脳梗塞の後遺症で右半身不全麻痺だが、杖歩行は可能。ふらつきがあるため、段差などでは支えが必要。
- デイサービス（入浴も含む。週3回）を利用。

妻
- 83歳、女性、要介護1。
- 身体機能は自立しているが、認知症による見当識障害が起こり、外出時には目的地までたどり着けず、自宅がわからなくなることがある。
- デイサービス（入浴も含む。週3回）を利用。

A 介助そのものはできますが 訪問介護員1人で担当した場合、 2人分の算定はできません。

 こう考えよう

　もし人員的な関係で、1人で夫婦を同時に介助したいのであれば、1人分は無償になりますが対応は可能です。しかし、「1人は無償だから目配りも軽く」ということは絶対にあってはなりません。

　2人分の算定を可能とするのであれば、訪問介護員も2人で対応することになります。おそらく夫婦揃っての外出を希望しているのでしょう。であれば、多少仰々しくなるかもしれませ

んが、1人につき1人が対応しましょう。

　ちなみに、1人を介護保険で請求し、もう1人を自費にすることはできません。介護保険の給付と同時間帯に、同一支援者（この場合、訪問介護員）が自費を算定することはできないと解釈されます。もちろん2人とも自費対応は可能です。これが一番すっきりするかもしれません。

Q24 利用者宅の裏にある畑に行き、野菜を一緒に収穫するのは外出介助で対応できますか？

　もともと農家で、今でも自宅の裏にある畑で自分が食べる分の野菜を作っている利用者さんです。おおむね自立ですが、最近は腰や膝が痛く、段差などではふらつきがあるため、思うように畑に行けなくなりましたが、同じ市内で別居している長男が週末に畑仕事をしてくれるので、今後も野菜の収穫ができるそうです。

　しかし、腰や膝の痛みが増してきたことから、主治医の勧めで介護保険を申請し、要介護1の認定がおりました。そこで、訪問介護サービスを利用することになり、本人と一緒に調理をおこなう調整をしてきたのですが、「毎回、食材は畑に行って採ってきたものを使いたい」と希望しています。

　畑までは約50m、収穫は約10分で済みますが、歩行器を使って畑に行くのが不安なため、同行してほしいとのこと。合計30分ほどでの外出介助で対応してもよいですか？

🏠 利用者の状況

- 85歳、女性、要介護1。

- 変形性股関節症、膝関節症で歩行が不安定だが、室内生活行為はおおむね自立。

- ひとり暮らし。夫（93歳、要介護4）はアルツハイマー型認知症が進行し、2年前からグループホームに入所中。子どもは1人いる（同市内在住）。

- 定期受診（月1回／長男が対応）、通所リハビリテーション（週1回）、福祉用具貸与（外出用の歩行器）を利用。

A 収穫だけであれば、買い物と同様、食料品の調達として可能と判断されるでしょう。

 こう考えよう

外出介助が認められる目的のひとつに、「買い物などでの食料品の調達」があります。通常、食料品は店舗での購入が想定されますが、家の敷地内に畑があり、そこにある野菜を利用者自身が収穫に行くこと（移動）を介助するのであれば、外出介助として認められるでしょう。

しかし、利用者が持ちきれないほど収穫し、それを運ぶのを手助けしたり、販売目的で収穫したりすることは認められません。あくまでも「利用者本人が自分で食べるための調理に利用するもの」であることが大前提です。近所に配ったり、他の人が食べたりするのであれば、認められません。

さらに、行ったついでに畑作業をすることも認められません。畑作業は、余暇活動や社会活動などに当たると考えられるため、不適切と判断されます。

Q25

知的障害のある息子が、「一緒に行きたい」と利用者の買い物支援についてきます。いいのでしょうか?

息子さんは自立歩行可能ですが、いなくならないように見守りが必要です。利用者さんが「私が見守るから」と言っています。訪問介護員の支援が必要でなければ、一緒に行ってもいいですか。

利用者&同居の子の状況

利用者
- 70歳、女性、要介護2。
- 5年前から変形性膝関節症で、徐々に歩行が不安定に。家の中はつかまり歩きで移動できる。その他のADL（食事や排泄など）はおおむね自立。掃除以外の家事は息子も手伝えるためできているが、外出は車いすでの介助が必要。
- 買い物は重いものなどは宅配を利用しているが、「週に1回はお店に行って、自分で選びたい」とのことから、訪問介護での支援を導入。
- 夫は2年前に他界。子どもは知的障害がある息子が1人いて、同居している。
- 訪問介護で受けているサービスは、身体介護（買い物同行／週1回）、生活援助（掃除／週2回）、通院等乗降介助（月1回）。
- 通所リハビリテーション（入浴も含む。週2回）、福祉用具貸与（介護ベッド、車いす）を利用。

子
- 35歳、男性。
- 先天性の知的障害があり、療育手帳A。障害福祉サービスで、平日は生活介護事業所に週5日通っている。
- ADLはほぼ自立で、家事も手伝っている。掃除機は音が嫌いなことと、使い方がわからないため使用できない。
- 子どもの頃から母親と買い物に行っていたことから、今でも母親との買い物が楽しみのひとつ。

A 息子への支援が不要であれば、特に問題はありません。

 こう考えよう

　買い物同行は身体介護での対応になります。車いすを使用しているので、訪問介護員が車いすの介助をして買い物に行くことになるでしょう。

　その際に知的障害がある息子がついてくることに関しては、問題ありません。もちろん息子による介助で買い物に行けるのであれば、訪問介護での支援は不要と判断しますが、対応ができないのであれば、利用者への支援が可能です。

　ただし、息子に対しても何らかの支援が必要であれば、しっかりと切り分けてサービスを提供すべきです。息子に支援が必要ないのなら、ついてくることは問題ないでしょう。

Q26

これまで朝のシャワーを欠かさなかった利用者です。起床介助時にシャワー浴を希望していますが、引き受けていいですか？

　関節リウマチがあり、歩行（移動）に介助が必要ですが、「車いすや杖などは極力使いたくない」というご本人の希望を尊重しています。

　元デザイナーで、今も身だしなみには気を遣っています。若い頃から朝はシャワーを浴びるのが習慣だったそうです。夜も入浴していたので、そちらはデイサービスで週3回対応しています。

　しかし朝のシャワーは「1日が始まるスイッチ」で、ぜひとも対応してほしいとのこと。朝のこわばりがあるときは起き上がりにも介助を要し、歩行にも痛みを伴うため、それなりの時間を要します。起床介助に組み込んでも問題ないでしょうか？

🏠 利用者の状況

● 82歳、女性、要介護2。

● 定年後に関節リウマチを発症。現在は歩行時に痛みがあり介助が必要。朝は手の関節のこわばりもあり、整容や身支度など細かい作業には介助を要す。調子がよいときは、簡単な調理が可能。

● ひとり暮らし。結婚歴はない。アパレル関係の会社にデザイナーとして長年、勤務してきた。

● 訪問介護で受けているサービスは、身体介護（起床・就寝、排泄、更衣など／毎日）。区分支給限度額を超えているが、経済的に恵まれており、オーバー分は自費で利用。

● リハビリ型デイサービス（入浴も含む。週3回 ※ジャグジータイプの入浴設備を利用）、配食サービスなどを利用。

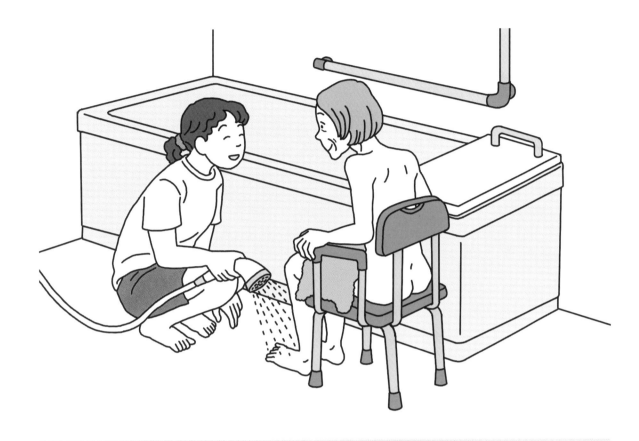

A 起床介助に組み合わせて シャワー浴の支援を おこなうことは可能です。

こう考えよう

　おそらく検討する際に悩むのは、「週3回デイサービスで入浴していること」と、「起床介助にしては手間や時間がかかること」でしょう。介護保険の制度上、訪問介護による入浴の回数制限はないため（指定介護老人福祉施設は週2回以上という基準はあり）、1日に2回でも認められます。

　実際にはデイサービスで入浴する日に自宅でも入浴する人は少ないと思いますが、この利用者のように、「朝にシャワーを浴びて1日をさっぱりした気分で始めたい」という要望はこれから増えてくるのではないでしょうか。生活習慣と身体的な制限（医師の指示など）を確認したうえで、ケアチームで話し合い、適切な時間も含めて対応の可否や方法を決めましょう。

　同様に、就寝介助時に足浴を希望する利用者もいることと思います。この場合も同じように解釈できます。ですが、いずれの場合も1時間を超えて長時間かかるようであれば、不適切と判断されるでしょう。

Q27 余命宣告された利用者から「寝酒をしたい」と依頼されました。医師から飲酒の制限はありませんが、対応できますか？

　奥様が日中の介護で疲れ、夜は先に休むため、就寝介助を毎日依頼されています。以前は企業の役員として定年まで働いてきた利用者さんです。余命数カ月と宣告されていますが、ご本人は割り切っており、「悔いはない、残された人生をゆっくりと楽しみたい」と話しています。

　そうはいっても夜は寝つけないようで、「寝酒を試してみたい。ウイスキーをグラスに1杯飲んでから眠りたい」とのこと。医師からは今後は好きに生活したほうがよいと言われ、お酒は制限されていません。ご本人は「薬には多くを頼りたくない」と、睡眠薬は拒否しています。

🏠 利用者の状況

- 80歳、男性、要介護4。

- 2年前に、検診で肺にがんが見つかり、治療を続けてきたが、徐々に進行。現在では末期がんの宣告を受け、余命は数カ月。本人にも告知されている。寝返りはつかまればできるが、起き上がりはほぼ全介助。座位も支えが必要。ベッド上で生活している。

- 妻（82歳）と2人暮らし。日中は妻が介護している。子どもは2人いるが、ともに遠方で生活している。

- 訪問介護で受けているサービスは、身体介護（就寝／毎日）。

- 訪問診療（週1回）、訪問看護（シャワー浴も含む。週2回）、福祉用具貸与（介護ベッド、車いす）を利用。

A お酒である以上、介護保険制度で対応することはできません。

 こう考えよう

　このような利用者の場合、支援してあげたくなる気持ちはわかりますが、いわゆる水分補給として該当する飲料は、水やお茶類、コーヒー、ジュース、牛乳などです。コーヒーや紅茶も、豆から挽いたり、茶葉をゆっくり蒸らしたり……など、手間がかかる場合は不適切といえます。

　それでもどうしてもというのなら、「奥様に就寝前についでおいてもらう」、自分で注ぐこ

とができるのであれば、「奥様に寝床にウイスキーを置いておいてもらい、本人に対応してもらう」などが考えられます。

　上記のようにおこなったとしても、自己摂取が困難な場合、グラスに入ったウイスキーを飲むことを介助するのは不適切です。介護保険内での支援は難しい旨を伝え、自費サービスを提案するなどしましょう。

Q28

不安神経症のため、就寝介助の際、眠りにつくまでそばで見守ってほしいと頼まれました。問題ないでしょうか？

　おしどり夫婦だったこともあり、奥さんの他界後、不安神経症と診断された利用者さんです。医師の勧めで介護保険を申請し、要介護認定がおりました。内科系の疾患はありませんが、夜は特に不安が増すため、医師の指示もあって就寝介助が導入されています。

　口腔ケアや排泄の見守りをし、ベッドに入ったら、施錠して退出する、というサービス内容ですが、「なかなか寝つけないので、眠りにつくまで10分程度、そばで見守っていてほしい」と頼まれました。

　就寝介助自体は20分以内ですが、見守りをおこなうと30分ほどかかることになります。

🏠 利用者の状況

- 85歳、男性、要介護1。

- 妻が1年前に他界してから、不安神経症になり精神科に通院。移動を含め、日常生活行為はおおむね自立。ただし、意欲低下によって家事遂行などに問題があり、介助が必要。

- ひとり暮らし。子どもは2人いるが、1人は他県、1人は海外で生活している。

- 訪問介護で受けているサービスは、身体介護（就寝、口腔ケア、服薬［睡眠導入剤］、更衣、排泄の見守りなど／毎日）、生活援助（掃除、洗濯／週3回）。

- デイサービス（入浴も含む。週2回）、配食サービス（1日2回）を利用。

A 精神的な理由などにより、医師の指示があれば可能です。

こう考えよう

ただ単に「寂しいからそばにいてほしい」という理由では不適切ですが、医師が対応を求めれば可能だと考えられます。とはいえ、介護保険制度においては、せいぜい10分が上限でしょう。それ以上の時間を要す場合、医師の指示があっても自費対応が適切です。

利用者からの訴えがなくても、なかなか入眠できない状態が続くようであれば、本人またはケアマネジャーなどから主治医に連絡してもら

い、処方の変更などを検討してもらいましょう。

また、起床時になかなか目が覚めない利用者においても同様に考えることができます。原因として、就寝時の服薬の影響などが想定される場合には、主治医と連携して対応を検討しましょう。起きるまでに数十分かかる、といった支援を続けることは基本的には不適切なため、こうしたケースも自費対応が妥当です。

頓服薬は訪問介護員の 判断で飲ませても 構いませんか？

便秘ぎみで、頓服薬（食後など決まった時間ではなく、発作時や症状のひどいときに用いる薬）として下剤を処方されている利用者さんがいます。若い頃からインドア派で、外出や運動する機会が少なく、年齢を重ねてからは食事量も少なくなったせいか、便秘ぎみの状態が続いているようです。

独居でご自分では判断しかねるようで、いつも訪問介護員に意見を求めてきます。飲むべきか決めてもよいでしょうか？

 ## 利用者の状況

- 76歳、男性、要介護2。

- 5年前に関節リウマチを発症。細かい作業ができないうえ、最近は手足に痛みがあり、介助が必要。食事、排泄は自立。

- ひとり暮らし。妻は3年前に他界。子どもは3人いるが、全員遠方で生活している。

- 訪問介護で受けているサービスは、身体介護（起床、更衣など／週3回）、生活援助（掃除、買い物／週3回）。

- デイサービス（入浴も含む。週3回）、配食サービスを利用。

医療職の方に相談してみますね

飲んだほうがいいかな?

A 服用するかどうかの判断は医療行為に準じるため、基本的にはできません。

 こう考えよう

　頓服薬は症状を自覚したときに、自らの判断で服用することが認められた薬です。自分で判断できない場合、代わって判断できるのは家族と医療職です。訪問介護員は利用者が飲むと判断した場合に、薬を手渡したり、口に入れたりする介助は可能ですが、飲むべきかどうかを判断することは控えましょう。

　自分で判断できず、家族もいない利用者の場合は、訪問看護師や薬を処方した医療機関、または薬を受け取った薬局の薬剤師などに相談するとよいでしょう。

　専門職への相談は訪問介護員でも可能です。

その場で判断しなければならないときはケアマネジャーを介さずに直接確認しても構いません。ただし、そのようなことがあったら必ず事後報告しましょう。まずは、普段からこのようなときのために、ケアに関わるスタッフの連絡網を整備しておくことが大切です。

　さらに、このケースの場合、便秘になる生活習慣がわかっていますので、その改善を支援することが優先されます。便秘になる理由を医師などからも本人にわかりやすく説明してもらい、生活習慣を改善することを勧めてみましょう。

Q30 残薬がたくさんあります。かなり前のものなので処分してもよいですか？

更衣介助時に、押し入れから衣類を取り出そうとしたら、何年も前の薬がたくさん出てきました。ご本人に伺うと、「体調がよくなったので飲むのをやめた」とのこと。服薬介助も支援していますが、今さら飲めないし、捨てても問題ないですか？

 利用者の状況

- 88歳、女性、要介護2。

- 高血圧、糖尿病、腎不全、脂質異常症などの内科系疾患の診断がいくつかあり、廃用性による下肢筋力低下も進行している。軽度の物忘れがあるが、認知症の診断は出ていない。歩行は室内はつかまりながら可能。食事は自立。排泄は時々間に合わないため、紙パンツを使用。

- ひとり暮らし。夫は10年前に他界。子どもは4人いるが、全員遠方で生活している。

- 訪問介護で受けているサービスは、身体介護（更衣、身体整容、服薬など／週3回）、生活援助（掃除、買い物／週2回）、通院等乗降介助（月1回）。

- デイサービス（入浴も含む。週3回）、福祉用具貸与（玄関とトイレの手すり）を利用。

A たとえ古い薬でも、訪問介護員の判断で捨てることはできません。

 こう考えよう

基本的に薬は医療保険の費用で出されたものです。飲み残しなどの薬は、処方した医療機関や調剤薬局に「返す」のが適切です。もちろん、返した後にその薬が再度誰かに処方されることはありませんが、勝手にゴミとして捨てるのは環境衛生的にも不適切です。

しかし、実際にはかなりの残薬が利用者宅にはあるでしょう。服薬介助で訪問していなくても、残薬の有無の確認は必要です。ほとんどの

薬は処方日の記載があるので、そこから「残薬かどうか」や、「お薬手帳でいつの処方か」を確認することができます。

間違っても、「なくなるまで古いものから飲んでいく」などの支援はしないでください。基本的に処方された薬の使用期限は、「何日間分」の最終日までと考えましょう。例えば、2週間分ならば、処方日から2週間後が使用期限になります。

**Q31 薬が苦手な利用者がいます。
飲み物や食事に混ぜて
飲んでもらっても
いいのでしょうか?**

いくつか持病のある利用者さんです。最近は服薬も拒否しがちで、特に粉薬(散剤)を嫌がります。何とかして飲んでいただきたいのですが、ご本人が好きな甘いジュースに混ぜてもいいですか?

🏠 利用者の状況

- 83歳、男性、要介護2。

- 3年前に後縦靱帯骨化症(こうじゅうじんたいこっかしょう)を発症。血圧も高く、複数の医療機関を受診している。最近、アルツハイマー型認知症の診断を受けた。

- 妻(81歳)と長男夫婦(共働き)の4人暮らし。本人の意欲低下を長男夫婦も心配し、デイサービスなどを勧めているが、なかなか聞き入れない。

- 訪問介護で受けているサービスは、身体介護(体調によって入浴または清拭、身体整容、食事の見守り、服薬など/週5回)。

- 訪問看護(週1回)、福祉用具貸与(介護ベッド、歩行器)を利用。

それなら
粉薬をやめて
錠剤に切り替えて
みましょう

薬剤師

A様の服薬に
ついて相談が
あるのですが…

飲んでもらえません

ホームヘルパー

サービス提供責任者

A 原則としてできません。 水または適温の白湯で 服用しましょう。

 こう考えよう

　薬を飲みやすくするゼリーなどは薬に影響を及ぼさない成分でできています。ですが、ジュースや牛乳、お茶などは、場合によって薬の効きめに影響を及ぼすことがあります。訪問介護員が判断することは難しいですし、判断すること自体が不適切といえるでしょう。

　同様に、ご飯に混ぜたり、みそ汁に入れることもやめましょう。食事がおいしくなくなります。そもそも「食前」「食後」などに服用の指示がある薬であれば、食べ物に混ぜて食事と同時に服用すること自体が不適切です。

　とはいえ、飲まない状況が続くのも困ります。特に粉薬（散剤）などの飲みにくい薬が処方されているなら、まずは医療機関や薬剤師に相談しましょう。同じ成分で形状を変更してくれることもあります。最近は経口服用しなくても済む、体に貼るタイプの薬品もあります。

同じ薬が2つの病院から処方されているようです。それでも服用してもらっていいのでしょうか?

　複数の病院に通っている利用者さんです。脳梗塞の後遺症で軽度の麻痺がありますが、何とか独居生活を続けてきたそうです。しかし、最近になって軽度のアルツハイマー型認知症も診断され、遠方に住む息子さんが心配して介護認定をおこない、訪問介護で支援するようになりました。

　服薬介助などで訪問していますが、どう見ても同じ名前の薬を2錠飲んでいます。指示通りに服薬してもらっていいのか疑問です。

🏠 利用者の状況

- 78歳、男性、要介護1。

- 5年前に脳梗塞を発症し、後遺症で左半身に軽度の麻痺がある。軽度のアルツハイマー型認知症。ADLはほぼ自立だが、物忘れが目立ち、薬の飲み忘れも多い。

- ひとり暮らし。妻とは20年前に離婚。子ども（息子）は1人いるが、遠方で生活している。火の不始末などもあったため、息子は将来的に施設入所も検討している。

- 訪問介護で受けているサービスは、身体介護（服薬／週3回）、生活援助（買い物、調理／週3回）。

A 服薬介助は処方通りにすることが原則ですが、介護のプロとして疑問を持つ目は必要です。

 こう考えよう

　服薬介助の重要なポイントは「処方通りに服用してもらうこと」です。頓服薬を除き、利用者の判断であっても薬の量を勝手に変えて介助はできません。

　しかし、多科受診によって同じ薬が処方されている可能性はあります。訪問介護員の判断で、薬を増やしたり減らしたりはできませんが、疑問に思うことがあれば、すみやかに処方した医療機関や調剤薬局に確認しましょう。ケアマネジ

ャーを介して確認してもらってもよいでしょう。

　このようなことが起こる原因は、受診時にお薬手帳を持参していないからだと考えられます。予防策として、今後は必ずお薬手帳を持参してもらい、何冊も持っている利用者には1冊にまとめるよう助言しましょう。

　さらに訪問介護員は、利用者が何の病気で、それに対して何の薬が処方されているのかを理解したうえでの介助が求められます。

Q33

見守り的援助での調理の際、濃い味を求めます。健康によくないですが尊重していいのでしょうか?

　脳梗塞の後遺症で軽度の麻痺と高次脳機能障害があり、調理や道具を使っての作業に支援が必要な利用者さんです。

　家事への意欲はあるため、自立生活支援のための見守り的援助で支援しているのですが、調理の際、味見をしてもらうと、好みの味付けがとても濃く、健康によくありません。実際、以前から血圧が高く、健康診断で治療を勧められていたものの、受診していなかったそうです。それでもご本人の意志や好みを尊重するべきでしょうか?

 利用者の状況

- 75歳、女性、要介護1。

- 3カ月前に脳梗塞を発症し、入院、リハビリ施設を経て自宅に戻ってきた。後遺症で左半身に軽度の麻痺、高次脳機能障害がある。食事や排泄は自立。家事は支援が必要。

- ひとり暮らし。夫は3年前に他界。子どもは2人いるが、ともに遠方で生活している。

- 訪問介護で受けているサービスは、身体介護（調理や掃除、洗濯時の自立生活支援のための見守り的援助／週4回）、生活援助（買い物／週1回）、通院等乗降介助（月1回）。

- 訪問看護（入浴も含む。週2回）、福祉用具貸与（手すり）を利用。

A 訪問介護員は利用者の健康を守る専門職です。すべて言うとおりにすることがよいわけではありません。

　介護職の専門性には、医療職によって改善された病気が再び悪化しないように生活面で支援することがあります。

　例えば調理であれば、その人が持っている病気や療養上の留意点を理解して、健康を維持・改善できるように栄養面を考えて調理することが求められます。生活援助で調理支援する場合も同様です。

　このケースのように本人の意向が健康維持と異なる場合、まずはその必要性を本人が納得できるように説明してから一緒に調理するようにします。

　その際、訪問介護員だけでなく、医師や管理栄養士などの他職種で説明することが適切です。決して私たちが敵になってしまわぬよう、本人の立場に立って、理解してもらえるように説明しましょう。

Q34 利用者と一緒に調理すれば、家族の分も作ってよいですか？

　数カ月前から家事の手順を間違えることが目立ち、2カ月前に神経内科を受診したところ、初期のアルツハイマー型認知症と診断された利用者さんです。

　1人で家事をおこなうことが難しくなっていますが、専業主婦として家事をこなしてきたため、「これからも続けたい」と希望し、自立生活支援のための見守り的援助で支援することになりました。そして調理は、ご主人の分も作りたいと希望しています。

　今は訪問介護員主体で調理していますが、利用者さん主体で作るのであれば問題ないでしょうか？

 利用者の状況

- 68歳、女性、要介護1。

- 初期のアルツハイマー型認知症。ADLはおおむね自立だが、家事動作の手順がわからなくなることがあり、支援が必要。買い物は、一度家に戻れなくなり、それ以来自信をなくして外に出なくなった。

- 夫（69歳）と息子（40歳、会社員、独身）の3人暮らし。夫は視覚障害があり、家事はできない。息子は仕事で日中は不在。買い物は仕事帰りに対応してくれている。

- 訪問介護で受けているサービスは、身体介護（調理や掃除、洗濯時の自立生活支援のための見守り的援助／週3回）。

- 訪問看護（週1回）を利用。

頑張るわ

今日はほとんど
お1人でできましたね。
この調子なら、ご主人の
食事を作れそうですね

A 原則としてはできません。
本人の分のみの支援が基本です。

 こう考えよう

　支援の対象者はあくまでも利用者本人です。本人のため、本人の分の支援をおこないます。たとえ利用者中心で調理をおこなっても（自立生活支援のための見守り的援助）、基本は本人のための支援であることが求められます。よって、支援の目的が家族分の調理であれば、できないと解釈します。

　しかし、本人が食べることを目的に調理を一緒におこない、結果として量が多くなったため、それを後で誰が食べるかまでは制限できません。

　また、「自分で家族の食事を調理できるようになりたい」という目標に向けて、そのための調理動作の獲得を目的とした本人の食事作りの支援は可能です。私たちが直接、家族のための支援に関わることはできないことを理解してください。

Q35 利用者と一緒であれば、お酒やたばこを買っても問題ないですか？

　買い物同行と自立生活支援のための見守り的援助で、車いすの利用者さんと一緒にスーパーへ行く支援を週1回担当することになりました。食材などの日用品は訪問介護員が一緒に選びましたが、「お酒やたばこも買いたい」とのことで、利用者さんが選んで購入しました。

　買い物代行の場合、嗜好品の購入はできませんが、同行の場合はよくわからず、その場は対応してしまったのですが、認めてよかったのでしょうか？　健康面も気になってしまうのですが……。

 利用者の状況

- 82歳、男性、要介護3。

- 1年前に脳梗塞を発症し、後遺症で左半身不全麻痺。いったんは施設に入所したが、自宅での生活を希望し、2カ月前にアパートを借りて在宅復帰を果たした。歩行は室内であれば伝い歩きできる。外出時は車いすを使用。食事は右手で可能。排泄は失禁も多く、紙パンツを使用。

- ひとり暮らし。結婚歴はない。身寄りがなく、生活保護を受けている。

- 訪問介護で受けているサービスは、身体介護（排泄、清拭、更衣、買い物同行、買い物時の自立生活支援のための見守り的援助など／週4回）、生活援助（調理、掃除、洗濯／週4回）、通院等乗降介助（月1回）。

- デイサービス（入浴も含む。週2回）、福祉用具貸与（介護ベッド、車いす、スロープ）を利用。

利用者と一緒に買う
（買い物同行）

どちらも
NG

訪問介護員が買う
（買い物代行）

A 訪問介護員が一緒に 支援している間は不適切といえます。

　利用者も一緒に行く場合は迷うかもしれませんが、訪問介護員が一緒なら支援中と判断するのが適切です。

　そもそも買い物支援は、外出が困難であったり、介助が必要であったり、という身体的な理由とともに、「本人が選ぶことによって健康を害する」「栄養が偏り、病気が悪化する」などの理由もあって成り立ちます。

　そう考えると、お酒やたばこは基本的に健康によくないため、支援中に買う物としては適さないと判断します。身体介護、生活援助にかかわらず、買い物で支援できる内容は同じと判断してください。

Q36 〝コインランドリーまで利用者と一緒に行き、終わるまで待つ〟という支援は可能でしょうか？

　訪問介護サービスを利用しながら、何とかひとり暮らしを続けている認知症の利用者さんです。以前、デイサービスを試しましたが、被害妄想が強く、集団での行動が苦手なため、合わなかったようです。

　昔から外出好きだったそうですが、最近、散歩中に家に戻れなくなり、警察のお世話になりました。そこで、買い物同行を検討していますが、ご本人は「ゆっくりおしゃべりをしながら過ごしたい」と希望しています。

　そうした中、洗濯機が壊れたため、一緒に歩いて行ける近所のコインランドリーに行き、洗濯しながら会話をする案が提案されました。通常であれば難しいと思いますが、認知症の進行予防も兼ねて、ということなら問題ないでしょうか？

🏠 利用者の状況

- 70歳、女性、要介護1。

- アルツハイマー型認知症。外出先から帰れなくなったり、被害妄想によってコミュニケーションを取るのが難しくなったりしている。身体機能は自立。排泄の失敗も火の不始末もない。

- ひとり暮らし。夫は5年前に他界。毎週末、他県にいる息子夫婦が泊まりに来ている。息子は同居を勧めるも、思い出が詰まった家にいたいと今の暮らしを希望。可能な限り自宅での生活を続けることで支援者間でも合意。

- 訪問介護で受けているサービスは、生活援助（掃除、調理、洗濯、買い物など／週5回）。

A 会話をしながら待つだけでは、訪問介護サービスとして不適切です。

　認知症の進行予防として、他者との会話は効果的です。よい案とは思いますが、訪問介護では、会話のみの支援はできません。

　例えば、利用者と一緒にコインランドリーに行き、洗濯物を洗濯機に入れてもらったり、適切な金額（お金）を投入してもらったりします。その後、いったん自宅に戻り、他の支援（掃除など）を一緒におこないます。洗濯が終わった頃に、再び一緒にコインランドリーに行き、洗濯物を持ち帰るための袋やかごに入れるなどの支援内容であれば、「自立生活支援のための見守り的援助」として適切です。

　しかし、待っている間とはいえ、単に会話を楽しむだけの時間を訪問介護で支援するのは不適切です。会話だけを希望されるのであれば、傾聴ボランティアや認知症サロンなどのインフォーマルサポートなどを検討しましょう。

　いずれにしても、適切なサービスを検討して、ケアチーム全員で期待される効果を協議し、対応法を考えるべきです。その後の効果の確認も併せておこないましょう。

服薬状況 と 口腔機能 の確認を理解しよう

2018年度の介護報酬改定において、訪問介護の運営基準に、下記のような内容が新たに追加されました。

サービス提供責任者の責務

訪問時の利用者に対するモニタリングの視点として「服薬状況」と「口腔機能」をはじめ、利用者の心身または生活の状況に変化や気が付いた点があった場合、ケアマネジャーに情報提供すること。

（例）● 薬が大量に余っている、複数回分の薬を一度に服用している
- 使いきらないうちに新たに薬が処方されている
- 口臭や口腔内出血がある
- 食事量や食事回数に変化がある
- 体重の増減が推測される見た目の変化がある
- 下痢や便秘が続いている
- 皮膚に乾燥や湿疹等がある

ケアマネジャーは報告を受けた場合、必要に応じて主治医や歯科医師、薬剤師等に情報提供することになります。

訪問介護員としては、**服薬介助や口腔ケア以外の支援で訪問した場合**でも、この2点は特に注意して見ていく必要があります。

服薬状況

大半の高齢者は薬を飲んでいます。医師が処方した薬であれば、その通り正しく服用することが重要ですが、なかには自分で飲む薬を選別したり、飲んだつもりで忘れていたり、飲む際に薬をこぼしていたり、同じ効能の薬を複数飲んでいたりします。大半の薬には副作用があるため、正しく処方され、適切に服用することが望ましいのですが、高齢者が自己管理するのは難しい場合が多いのです。そのため、自宅において身近な存在である訪問介護員が、これらの状況を発見できる立場にあるとされました。

口腔機能

「食べること」「話すこと」において重要な役割を持ちます。口の中にトラブルを抱えると、健康維持に必要な栄養を十分に摂取できなくなります。また、歯の欠損などで見た目を気にし、引きこもりがちになることもあります。廃用症候群や生活不活発病は、栄養低下や引きこもりが原因ともいわれています。つまり、口の中にトラブルを抱えたことで起こる場合が非常に多いのです。口腔状態は要介護状態を引き起こす"根幹的原因"ともいえるため、特に注意を要します。

生活援助 編

適切な生活援助を
おこなうために重要な視点

身体介護以上に、利用者の状況および家事等の内容によって条件などがさらに複雑になります。そのため、「できる?」「できない?」と判断に悩むケースも増えるでしょう。基本をおさえつつ、異なる条件ごとに適切に導入を検討してください。

常に念頭に置くべきは「利用者本人」と「日常生活」

生活援助を検討する際、大きく3つのポイントがあります。おもな家事支援「掃除・洗濯・調理・買い物」の場合、支援できない内容を具体的にみていきましょう。

生活援助に "該当しない" 3つのポイント

利用者本人の援助に該当しない行為

1 主として**家族の利便に供する**行為、または**家族がおこなうことが適当である**行為

掃　除　家族専用もしくは家族も使用する場所（例：トイレ、浴室など）。

洗　濯　家族が着用した衣類、家族も使用するタオルなど。

調　理　利用者以外が食べる分の調理。日中独居でも、家族が作り置き等ができるならそちらを優先。

買い物　同居の家族も使用する物品（例：トイレットペーパー、洗剤など）、ペット用品など。

日常生活の援助に該当しない行為

2 訪問介護員がおこなわなくても**日常生活を営むのに支障が生じない**行為

掃　除　普段使用していない部屋。原則として、療養生活の目的に当てはまらない窓枠や玄関、屋外なども。

洗　濯　冠婚葬祭等でしか着ない訪問着、使用せずしまってある衣類。原則、療養には直接関係しないテーブルクロス、台所や玄関のマットなども。

調　理　「配食サービスを利用できる」「家族が作り置きできる」などの場合。ただし、身体的な影響が生じる場合は検討可。

買い物　趣味の物品、酒やたばこなどの嗜好品。家具や家電なども、日常的に頻回に購入する物ではなく、健全な療養生活の維持に適さなければNG。

3 **日常的に**おこなわれる**家事の範囲を超える**行為

掃　除　大掃除。障子の桟や電球のかさ、換気扇、壁や天井など、日常の掃除ではおこなわない場所も非該当。

洗　濯　絨毯（じゅうたん）やカーテンなどの大物。なお、利用者の衣類をクリーニングに出す場合は買い物支援が妥当。

調　理　正月、節句等をはじめ、特別な手間や時間を要す調理。品数がかなり多い場合なども不適切。

買い物　高価な食材、遠方への買い物、専門店での買い物（百貨店での物産展など）、契約を要する買い物など。

生活援助が
必要な人の状態像

支援内容により異なる点もありますが、

● **身体的な疾患や障害などによって、自分で家事等の動作ができない。**あるいは、完全にはできないため支援が必要

● **認知症などにより、家事等の仕方がわからないなど、遂行するために支援が必要**

● **身体の可動域制限はないが、精神障害や高次脳機能障害などによって、家事等が遂行できない**

といった人などが想定されます。

そして、いずれの場合にも、

● **独居、もしくは同居家族が疾患や障害などで家事等ができない**

という要件が求められます。

※同居家族が健康面では問題はないものの、今まで調理や掃除をしたことがなく、今後も利用者のために家事等ができない場合なども検討可。

生活援助を
おこなうときの注意点

掃除などの家事に関する支援は、「これまで利用者が自分でおこなってきたこと」を支援する場合が大半です。そのため、自立を阻害する内容でなければ、利用者の家事に関するこだわりや方法などを尊重し、できるだけ考慮した支援が重要になります。

本人に、

「**調理ができるようになりたい**」
「**自分ではできないが部屋をきれいにしたい**」
「**病気を悪化させないためにも、衣類や環境を清潔に保ちたい**」

などのニーズ（生活上の課題）があることが根拠になります。これらの要件を満たした場合、訪問介護での支援を導入できます。

こうした状況が当てはまり、なおかつ、さらに、すべての支援は事前の計画作成が求められているため、ケアマネジャーのケアプランに

● **生活援助が必要である根拠**
● **生活援助によって期待できる効果**
● **生活援助の頻度や期間**

などの記載が必要です。

これに対して利用者の同意が得られたら、訪問介護計画書を作成します。支援が必要な根拠や目標に加え、

● **具体的な家事等の方法や手順**

も記載します。それにより、どの訪問介護員が支援しても、同じ手順＆同じ時間内でサービスを実施でき、「人によって手順が違う」「所要時間が違う」などのトラブルも回避できます。

また、当初の計画にはない支援を求められた場合に「すぐには対応できない」というルールの理解にもつながります。

訪問介護の専門職として、**役割とルールを守って支援することが、チームケアによる自立支援の観点からとても重要と**なります。

Q37 息子と同居中の利用者です。ほとんど利用者のみが使っている居間の掃除支援はできますか？

息子さんは仕事で日中、不在です。共有部分の掃除は原則としてできないのはわかっていますが、居間はほぼ利用者さんしか使用していない状況です。その場合でも、やはり掃除支援はできないのでしょうか？

 利用者の状況

- 75歳、男性、要介護2。

- 2年前に脳梗塞を発症し、後遺症で左半身不全麻痺。歩行は室内であれば伝い歩きできる。外出時は介助が必要。食事や排泄は自立だが、念のため紙パンツを使用。

- 息子（47歳、会社員、独身）と2人暮らし。妻は3年前に他界。息子は商社マンで、早朝から夜遅くまで仕事。週末も出張や接待などで不在にすることが多く、家事や介護はほとんどできない。たまの休みは自室で寝て過ごしている。

- 訪問介護で受けているサービスは、生活援助（掃除、洗濯、簡単な調理、買い物／週3回）。

- デイサービス（入浴も含む。週3回）、福祉用具貸与（介護ベッド、四点杖、玄関とトイレの手すり）を利用。

日中は
ずっと居間で
お過ごしです

息子さんは仕事が
繁忙期で、しばらくは
時間がとれない
そうです

今の状況であれば
掃除支援が必要ですね。
状況が変わったら、
また見直しましょう

なるほど…

ケアマネジャー

サービス提供責任者

利用者がおもに使用しているのであれば 掃除の対応は可能です。

こう考えよう

　まず、日中独居の利用者への生活援助ですが、優先順位は家族による支援です。ですから、この場合、日中独居時に掃除支援が必要である理由が求められます。

　例えば、息子が週末や帰宅後に掃除の対応が可能で、利用者の療養環境が維持されるのであれば、生活援助そのものが不適切になります。そうではなく、「息子さんが多忙で掃除の時間がとれない」「習慣的に掃除をしたことがなく、依頼したとしても利用者の健康を維持するような環境整備が難しい」など、利用者の健康管理の観点から必要性が認められれば、掃除の対応が可能と判断されます。

　そのうえで、このケースのように、居間が利用者の中心的な居場所であれば、その場所を利用者のために掃除することは可能です。

 猫の毛や尿で部屋が汚れている場合、掃除できますか?

　病気を患ってから友人と疎遠になり、寂しい生活から、たまたま庭に来た迷い猫に餌付けをしたところ、猫が家に入り込み、今では5匹ほどが出入りしている利用者宅です。猫を家族同様にかわいがっており、「デイサービスは猫が心配だから行きたくない」と言うほどです。

　そのため、利用者さんが過ごす居室は猫の毛や糞尿だらけで、悪臭も出ています。汚しているのは猫ですが、掃除をしてもよいのでしょうか。

🏠 利用者の状況

- 75歳、女性、要介護2。

- 10年前からメニエール病を患っており、時々めまいから歩行などにふらつきがあり、転倒することもある。そのため、ほぼ自宅内での生活。通院などの外出時は車いすを使用。食事や排泄は自立。

- ひとり暮らし。結婚歴はない。親、きょうだいは他界。

- 訪問介護で受けているサービスは、生活援助（掃除、洗濯、買い物／週3回）。

- 訪問看護（入浴も含む。週2回）、福祉用具貸与（介護ベッド、車いす）、住宅改修（玄関、廊下、トイレの手すりを設置）を利用。

A 居室であれば掃除は可能ですが、「本人の療養環境の維持」という目的が重要です。

 こう考えよう

掃除の目的が猫の毛や尿の処理であれば、不適切と判断されます。また、その部屋に猫がいなければ、そこまで頻繁に掃除をする必要がない状況ならば不適切といえます。

そうではなく、猫がいてもいなくても、例えば「週2回の掃除は必要」という判断であれば、掃除自体は適切です。ただし、猫の毛を念入りに取り除いたり、猫の尿を特別な洗剤で拭いたりするのは適切ではありません。あくまでも一般的な方法（掃除機や拭き掃除など）で対応することになります。

カーペットが尿で湿っていても、せいぜい新聞紙をかぶせる程度でしょう。それ以上の対応を求めている場合は、自費サービスになることを伝えてください。

Q39 掃除機をかけた後、粘着クリーナーで仕上げをしても構いませんか？

　きれい好きで、掃除や洗濯は毎日欠かさずおこなってきた利用者さんです。掃除の仕方にこだわりがあり、窓を全開にして、はたきをかけてから掃除機をかけ、最後に粘着クリーナーでカーペットなどを1時間ほどかけて掃除していたそうです。

　「すべては無理でも、せめてカーペットは、掃除機をかけた後に粘着クリーナーでも掃除してほしい」と頼まれました。依頼通りにしてよいでしょうか？

 利用者の状況

- 74歳、女性、要介護2。
- 骨粗鬆症による腰椎圧迫骨折で、ゆっくりであれば歩行できるが、重いものを持ったり、かがんだりはできず動作に支障がある。家事は支援が必要。
- ひとり暮らし。夫は6年前に他界。子どもは2人、同じ県内で生活しているが、車で1時間以上かかるうえ、1人は夫の介護、1人は仕事と子育てがあり、支援が難しい。
- 訪問介護で受けているサービスは、生活援助（掃除、洗濯、買い物など／週3回）。
- 配食サービス（毎日）、福祉用具貸与（介護ベッド、手すり）を利用。

できない

できる

A 理由にもよりますが、基本的には 過剰な掃除とみなされます。

こう考えよう

　訪問介護員が支援できるのは、日常的な家事の範囲です。何をもって日常的なのか、詳細な規定はありませんが、通常の掃除は掃除機をかければ完了するため、さらに粘着クリーナーで同じ場所を掃除することは過剰な支援といえます。認められるとすれば、掃除機では取りきれなかった一部分のみを粘着クリーナーで仕上げる程度でしょう。

　しかし、過剰な掃除をおこなう理由が、「肺疾患があり呼吸不全を予防するため」「精神疾

患があり、その方法を取らないと不安障害が起こる」など、特殊な場合には必ずしも制限はできません。そうではなく、本人のこだわりや習慣的な理由であれば、社会保障で対応できる範囲を超えていると判断したほうがよさそうです。

　ちなみに、掃除機ではなく粘着クリーナーのみでの掃除は可能です。掃除機が壊れてしまったなど、粘着クリーナーでの掃除しか方法がないような場合には対応して構いません。

Q40

要介護2の利用者です。自立した夫と2人暮らしですが、夫は家事をしたことがありません。掃除支援はできますか?

　高齢のご夫婦2人で暮らしています。15年前に長年住んだ社宅を離れて現在の地に引っ越されたそうで、近隣住民とは挨拶を交わす程度です。

　左半身不全麻痺になってからは、以前のように家事ができなくなりました。立位保持はつかまれば何とかできる程度で、食事は右手(利き手)で食べられます。

　そのため、買い物は生協を利用したり、ご主人が近所のコンビニで簡単なものは購入したりしています。洗濯はご主人が何とか使い方を覚えておこなっています。食事はコンビニ弁当や配食弁当などを利用しています。こちらもご主人が電子レンジを使用したり、サラダを盛り付けたりはできるようになりました。

　ですが、掃除はご主人がおこなうのが難しく、新規で支援を希望されています。訪問介護の生活援助で対応できるでしょうか?

 ## 利用者の状況

- 78歳、女性、要介護2。

- 半年前に脳梗塞を発症し、後遺症で左半身不全麻痺。尿意・便意はあり、トイレを使用しているが、間に合わないことがあり紙パンツを使用。「再び家事をしたい」という意向があり、簡単な調理はおこなっているが、掃除までは困難な状態。

- 夫(80歳)と2人暮らし。夫は現在、腰痛はあるが自立。今まで家事は一切してこなかったため、調理や掃除などの家事は難しい。子どもは2人いるが、ともに遠方で生活している。

- デイサービス(入浴も含む。週3回)、福祉用具貸与(介護ベッド、手すり、車いす)を利用。

このケースなら
掃除支援
できるはず！

ご主人は腰痛があるし
今まで掃除を
したことがないし…

お子さんは2人とも遠方…
ご近所も難しい…

A 現在の家族（夫）の状況を考えると 場合によっては可能です。

 こう考えよう

　同居家族による家事が困難な場合、生活援助は認められています。いくつか条件が必要となりますが、今回のケースでは認められる可能性が高いといえます。

　掃除をおこなう優先順位的には夫ですが、今まで家事をしたことがないうえに腰痛があります。一応、掃除を依頼しつつ、難しい場合は第三者による支援を検討します。その際、別居の家族や近隣の人による援助が考えられます。しかし、このケースにおいては難しいでしょう。

そうなると、最終手段として訪問介護の導入が検討されます。

　掃除支援できる場所は通常、利用者である妻が使用している居室に限定されますが、この場合、トイレだけは対応しても差し支えないでしょう。

　もし、夫の居室や他の共有部分の掃除が必要であれば、自費サービスでの対応がふさわしいといえます。

Q41 肺疾患の利用者で日中独居です。毎日トイレ周りを汚すため、家族と共有のトイレも掃除を頼まれました。受けていいですか?

　起居動作や歩行はできますが、息切れがひどく、トイレ以外はベッド上で生活しています。トイレはゆっくり歩いて行きますが、間に合わず失禁もあり、トイレ周りを汚すことが多いです。

　また、かなり古い家で、利用者さんが寝ている部屋の天井から、クモの巣が埃と一緒にぶら下がっており、いつ落ちてくるか不安です。同居の息子さんは仕事が忙しく、利用者さんが入院をしていた3カ月間、一度も掃除をしなかったそうです。

　部屋の中も全体的に埃がたまっていますが、医師からは「衛生環境には十分注意するように」と指示があります。トイレ掃除も含め、どこまで対応してよいのでしょうか。

🏠 利用者の状況

- 85歳、女性、要介護2。

- 慢性閉塞性肺疾患で在宅酸素使用。先月退院して在宅療養生活が開始された。少しの動作でも息切れしてしまうため、ほぼベッド上の生活。入院中に覚えた絵手紙が趣味で、体の調子がいいときはベッド上で描いている。

- 息子(50歳、会社員、独身)と2人暮らし。息子は仕事があり、平日は朝から夜遅くまで不在。土日は休み。

- 訪問介護で受けているサービスは、生活援助(調理、掃除／週5回)。

- 訪問入浴(週1回)、訪問看護(週2回)、福祉用具貸与(介護ベッド、車いす)を利用。デイサービスは本人の希望により利用していない。

A このケースの場合、疾患もあるため トイレ掃除は支援できるでしょう。

こう考えよう

　日中独居の場合、掃除支援を日中独居時にお
こなうための根拠が必要です。そのうえで、ど
こまで対応できるか考えることになります。

　このケースでは、利用者に肺の病気があり、
日々の環境維持が重要なようです。しかし、同
居の息子は仕事が忙しく、平日は朝早くから夜
遅くまで不在。また、使用する際にトイレ周り
を汚してしまうことが多いため、トイレ掃除は
必要な支援といえるでしょう。

　クモの巣の除去は大掃除に当たりますが、一
度取り除くことで環境が維持できるのであれば

一律に制限はしません。ただし、あくまでも本
人が寝ている部分だけです。それ以外を掃除す
るのであれば、自費対応が妥当です。

　具体的な支援内容と根拠を示すのであれば、
「本人の病状悪化を防止するために、寝室とト
イレの掃除を平日に45分以内でおこない、クモ
の巣は初回に取り除く。理由は肺疾患の悪化防
止のためで、期待できる効果は疾患の進行を予
防すること。居室での趣味活動（絵手紙制作）
も意欲的に継続できる」といった内容になるで
しょう。

Q42

「ロボット掃除機だと隅々まではきれいにならないので、家具の移動などを手伝ってほしい」と言われました。対応できますか?

　経済的に恵まれていて、最新の家電が揃っています。利用者さんは車いすを使っており、家事ができません。食事は自助具で何とか食べていますが、それ以外はほぼ全介助。排尿は留置カテーテルを装着し、排便は訪問看護で管理しています。

　以前からロボット掃除機を使っていて、床掃除はそれで対応していたのですが、家具が邪魔して隅々まではきれいにならないことが気になったようです。「家具を移動させ、ロボット掃除機がしっかり動くように、ホームヘルパーにも協力してほしい」と追加で依頼がありました。

　このようなケースは初めてで、どう対応すればよいか困っています。

🏠 利用者の状況

- 75歳、男性、要介護4。

- 多系統萎縮症で徐々に体が動かなくなってきており、電動車いすを使って生活している。意思疎通は自立。

- ひとり暮らし。妻は10年前に他界。子どもは1人いるが、海外で生活している。以前は会社経営をしており経済的に恵まれている。ゆくゆくは施設を考えているが、できるだけ自宅で悠々自適に暮らしたいと願っている。

- 訪問介護で受けているサービスは、身体介護 (清拭、更衣、身体整容など／週5回)、生活援助 (掃除、調理、洗濯／毎日)。
  ※超過分は自費サービスを利用。

- 訪問入浴 (週2回)、訪問看護 (週3回)、福祉用具貸与 (介護ベッド、電動車いす) を利用。

A 掃除の中心がロボット掃除機であれば 不適切といえます。

 こう考えよう

　訪問介護での掃除支援は、あくまでも訪問介護員がおこなう掃除です。ロボット掃除機がおこなう掃除の補助をする行為は介護保険の訪問介護には該当しません。

　例えば「床の掃除機がけはロボット掃除機、机などの雑巾がけは訪問介護員」という分離した支援であれば、引き続き対応できます。

　また、普段はロボット掃除機による掃除機がけで、それだけでは隅々まではきれいにならな

いのであれば、週に何度か訪問介護員が通常の掃除機で掃除をすることは可能です。ただしその場合、「利用者の療養環境を維持するためには、ロボット掃除機だけでは十分にきれいにならないことが検証されたうえで」になるでしょう。

　このケースでは自費サービスも利用されているので、利用者が望む形で対応するならば、掃除に関しては自費対応にするのがわかりやすいかもしれません。

高齢の夫婦でともに要介護です。ゴミ屋敷寸前のお宅で、居室やトイレなどの掃除を依頼されています。どう対応したらいいですか?

　高齢のご夫婦世帯です。息子さんが2人いますが、ともに遠方在住で、ご近所もほぼ高齢者世帯。支援を受けることは難しい状況です。

　奥さんは持病があり、今はほとんど家事はできません。室内は弁当の空き容器などで散らかり、異臭もしています。また、お2人とも排泄はトイレでおこなっていますが、失禁が多く、トイレ内の汚れも度々みられます。畳などに尿臭もあります。

　これまでは「掃除は不要」と言われていたのですが、今回、ご夫婦共有の部屋やトイレなどの掃除を依頼されました。衛生的に課題が多く、どこまでどのように対応したらよいか困っています。

利用者の状況

夫
- 80歳、要介護3。
- 脳梗塞の後遺症で左半身不全麻痺。現在、歩行はできないため家の中をはって移動。食事は何とか自立。家事は一切関わってこなかった。
- 訪問介護で受けているサービスは、身体介護(更衣、身体整容など／週2回)、生活援助(買い物など／週3回)、通院等乗降介助(月1回)。
- デイサービス(入浴も含む。週2回)、福祉用具貸与(介護ベッド、外出用車いす)を利用。

妻
- 78歳、要介護2。
- 関節リウマチがあり、今は手指に痛みがあり家事はほとんどできない。洗濯は乾燥機付きなので何とかおこなっている。ゴミをまとめることも困難で山積みに。
- 訪問介護で受けているサービスは、生活援助(買い物など／週3回)、通院等乗降介助(月1回)。
- デイサービス(入浴も含む。週2回)、福祉用具貸与(介護ベッド、外出用車いす)を利用。

現状

数回、掃除すれば…

こうなれば
対応できるな

A 数回は片付けるものが多くても、その後、通常の掃除で現状を維持できるなら訪問介護で対応可能です。

 こう考えよう

　このケースはゴミ屋敷に近いようですので、介護保険で対応できる通常の掃除の範囲を超えての対応が必要ならば、まずは地域包括支援センターなどに相談しましょう。ただし、初回から数回は片付けが多めに必要でも、その後は通常の掃除支援で現状を維持できるのであれば訪問介護での対応も可能と判断します。

　また、同一時間に夫婦双方の算定はできない

ので、共有部分であっても45分ずつ時間をずらすなどして算定しましょう。

　その場合、当然90分程度の掃除が必要である根拠が求められます。もし、45分程度で終了するならば、夫か妻どちらかの算定のみにするのが適切です。また週に数回訪問するのであれば、その日によって算定の利用者を変えることも可能です。

Q44 「これは手洗い、あれは洗濯機」など、洗濯方法に強いこだわりがあります。どこまで対応できますか？

　3年ほど前に関節リウマチを発症し、訪問介護を利用しながら、在宅での生活を続けている利用者さんです。時々、手指が思うように動かないことへの、いらだちを見せることがあります。

　調理や掃除支援はスムーズに対応できていますが、クリーニング店の店長を長くされていたせいか、洗濯へのこだわりがとても強いです。要望通りにおこなうと、通常の洗濯より時間がかかります。どこまでなら対応してもよいのでしょうか？

 利用者の状況

- 70歳、女性、要介護3。

- 関節リウマチにより、手指の変形や痛みなどがあり、家事はほとんどできない。食事や排泄は何とか自立。

- ひとり暮らし。結婚歴はなく、近くに身寄りもいない。定年退職するまで、大手クリーニング会社のフランチャイズ店の店長として長く働いていた。

- 訪問介護で受けているサービスは、生活援助（掃除、調理、洗濯、買い物／毎日）。

- 訪問看護（入浴も含む。週3回）を利用。

A 洗濯機で洗えない衣類でも、日常的に着用しているものであれば対応可能な場合があります。

 こう考えよう

あまりにも時間や手間がかかったり、技術を要したりする洗濯方法でなければ、検討の余地はあります。ただし、あくまでも介護保険のルールに準じたうえなので、どのように対応するか工夫が必要です。

まず、洗濯機洗いが可能な衣類は、洗濯機が優先です。「傷むから手洗いして」などの要望に応じるのは不適切です。

しかし、日常的に着用している衣類で洗濯機が使用できないものは、その衣類にふさわしい洗濯方法で対応することになります。ですが、通常の生活援助の時間を超えてまでは対応でき

ません。

具体的な方法としては、「今日はつけおきのみ、次回はそれを手洗いして干す」など、1回のサービス時間が長くならないように調整するといった工夫が必要です。

おそらく利用者には強いこだわりがあるので、介護保険のルールに対していらだちを覚えるかもしれません。だからといって特別扱いはできません。どうしても希望通りの洗濯を一度にしてほしいというのであれば自費対応になります。本人の希望も尊重して、よく話し合って対応方法を決めることが大切です。

Q45 精神疾患のある引きこもりの息子の洗濯物が洗濯機の中に。干さなければ、一緒に洗ってもいいですか？

　長年、家事全般は昨年亡くなった奥さんがおこなってきたうえ、左半身不全麻痺により、家事動作は一部介助もしくは全介助が必要な利用者さんです。同居の息子さんは精神疾患があり、家事ができないとみなされ、掃除と洗濯の生活援助に入っています。

　掃除は利用者さんの部屋とトイレのみで問題なく対応できていますが、洗濯に関しては、息子さんの衣類も洗濯機に入っている状態が続いています。量は少なく、利用者さんのものと一緒に洗っても、時間的には問題ありません。

　洗った洗濯物はカゴに入れておけば息子さんが自分で干せるようです（あるいはそのまま自然に乾かしているのかもしれません）。このような状況であれば、まとめて洗ってもよいでしょうか？

利用者の状況

- 80歳、男性、要介護2。
- 昨年、脳梗塞を発症し、後遺症で左半身不全麻痺。軽度のアルツハイマー型認知症で、若干の物忘れはあるが、生活上の大きな支障はない。食事や排泄は何とか自立。
- 精神疾患のある引きこもりの息子（50歳、無職）と2人暮らし。妻は昨年、他界。
- 訪問介護で受けているサービスは、生活援助（掃除、洗濯／週3回）。
- デイサービス（入浴も含む。週3回）、配食・宅配サービスを利用。

A 洗うだけなら仕方がない、とも解釈できますが、恒常化はNG。改善に向けた支援を検討しましょう。

 こう考えよう

　訪問したら既に洗濯機の中に家族の洗濯物が入っていた場合、その場のことだけを考えれば、それらを洗濯機から取り出し、仕分けするほうが時間も手間もかかるでしょう。そうなると、洗濯するのは洗濯機ですから、とりあえず洗濯機を回してしまうことは仕方がないかと思います。その後、干す際に、家族の分は洗濯カゴなどに残しておくことになります。

　しかし、制度上は不適切な行為なので改善策を考える必要があります。洗濯機の中には入れず、洗濯カゴなどに分けていただくよう、わかりやすく説明し、変更してもらうように取り組むべきです。

　さらに、精神疾患と診断されており、生活面での支援が必要なのであれば、障害福祉サービスで息子のための生活援助を調整することが適切といえます。

Q46

「入院中の夫の洗濯物も洗ってほしい」と頼まれました。こういった状況であれば引き受けても問題ないですか？

　通院等乗降介助でサービスに入っている利用者さんです。病気になるまではご主人に手伝ってもらいながら、一緒に家事をこなしていました。しかし、ご主人が入院してからは思うようにできず、生活援助も追加になりました。

　利用者さんの通院している病院とご主人が入院している病院が同じなので、毎週の受診時に面会をしています。その際に、1週間分の下着や寝間着などの着替えを持参し、代わりに洗濯物を持ち帰ってきます。その洗濯物を洗ってほしいと頼まれ、どうしたらいいか困っています。

 利用者の状況

- 82歳、女性、要介護2。

- 変形性膝関節症（整形外科通院）、高血圧・脂質異常症（内科通院）、白内障（眼科通院）、じんましん（皮膚科通院）を患っている。食事や排泄は自立だが、移乗・移動や家事は一部介助が必要。

- ひとり暮らし。夫（85歳）は脳梗塞のため3カ月前から入院中。急性期の治療を経て、現在はリハビリのため回復期病棟に移った。もうしばらく入院生活が続く予定。子どもは3人いるが、全員遠方で生活している。

- 訪問介護で受けているサービスは、生活援助（掃除、洗濯、買い物／週2回）、通院等乗降介助（週1回）。

- デイサービス（入浴も含む。週2回）、福祉用具貸与（介護ベッド、歩行器）を利用。

病院の
洗濯サービス

入院時の
家事代行サービス

民間サービス

家族の洗濯物

訪問介護の
自費サービス

A 事情はあれど、家族の洗濯物は、
対応できないと判断されます。

制度上、妻の生活援助（洗濯支援）で、夫の洗濯物を洗ったり、干したりすることは不適切です。しかし、事情が事情ですので、別の手段を早急に考える必要があるでしょう。まずは、ケアマネジャーを介して、保険者や地域包括支援センターなどに相談してみてください。

考えられる対応策としては、夫の洗濯物に関しては病院の洗濯サービスなどを検討する、市町村などでおこなっている入院時の家事代行サービスなどを検討する、有料の民間サービス（ハウスキーパーなど）で対応する、などが考えられます。

自宅に持ち帰っての洗濯であれば、夫の分の洗濯のみ自費サービスで対応する方法もあります。今後、夫が退院して自宅に戻り、要介護認定を受けたとすれば、妻と夫の双方の生活援助として対応することは可能となります。

1週間ほどタオルを洗わず使っています。「洗わなくていい」と言われますが、衛生的に気になります。意志を尊重すべきですか?

「そんなに汚れてないから大丈夫」とおっしゃり、1週間はタオルを洗わない節約家の利用者さんがいます。入浴も週1回です。

生活保護を受給していて、生活は質素でかなり倹約しており、気持ちはわかるのですが、汚れがかなり目立ち、雑菌なども気になり心配です。それでも、ご本人の気持ちを優先するのが適切なのでしょうか。

🏠 利用者の状況

- 78歳、女性、要介護1。

- 変形性膝関節症で歩行機能が低下。家の中では、ほぼ座っての生活。外出時は介助が必要。食事や排泄、入浴は自立。

- ひとり暮らし。結婚歴はなく、身寄りもいない。生活保護を受けている。

- 訪問介護で受けているサービスは、生活援助(掃除、洗濯／週2回)。

A 強制はできませんが、衛生面を理解していただくように支援しましょう。

 こう考えよう

　タオルなどを数日間洗わないで使用する人は結構います。以前からの習慣であれば、いきなり変えることは難しい場合があります。

　ですが、雑菌の繁殖などが考えられ衛生的にはよくありません。しかも、高齢者は菌などに対する抵抗力が低下しているため、注意が必要です。

　支援を要する状態であれば、「今までは大丈夫でしたが、これからは病気の予防も含めて衣類やタオル類はこまめに洗いませんか」と助言してみましょう。実際に、ノロウイルスや食中毒の実例などを引用して説明すると効果的です。

　ただし生活習慣を変えることになるので、本人の身になって、心配していることが伝わるよう、説明の仕方に配慮しましょう。

Q48

「年に何回か布団を洗って」と頼まれました。大きな洗濯機なので自宅でも洗えますが、乾燥を含め3時間ほどかかります。いいですか?

　左手首を骨折してから機能不全となった利用者さんです。洗濯機の操作は可能ですが、干したり取り込んだりができないため、洗濯を支援しています。

　認知症はなく、コミュニケーション面は自立しているため、支援内容についての要求が多いです。

　先日、訪問すると「布団は年に何回か、季節ごとに洗ってほしい。普段使っているからいいでしょ」と依頼されました。洗濯機は大型で乾燥機能も付いていますが、通常の洗濯支援に比べると時間がかかります。引き受けてもいいのでしょうか?

利用者の状況

- 80歳、女性、要介護1。

- 2年前に転倒して左手首を骨折。その後遺症で、重いものを持ったり、細かい作業をしたりするのが難しくなった。食事や排泄は自立。調理は何とか可能。

- ひとり暮らし。夫は10年前に他界。子どもは2人いるが、ともに遠方で生活している。

- 訪問介護で受けているサービスは、生活援助(掃除、洗濯、買い物など/週2回)。

- デイサービス(入浴も含む。週2回)を利用。

A 使用に適さないほど 布団が汚れている場合は可能です。

こう考えよう

布団の洗濯は日常的とはいえません。時間も労力もかかるので、使用に適さないほど汚れたわけでなければ、「季節ごとに」「洗うと気持ちいいから」などの理由で、定期的に洗うことは不適切といえます。よって、このケースの場合、対応するのは好ましくありません。

ですが、「失禁して汚してしまった」など、衛生的に問題があれば、自宅に布団が洗える洗濯機があれば自宅で、そうでなければコインランドリーでの洗濯が可能です。

仮に使用に適さないほど汚れていて洗濯したとしても、乾燥機までかけると長時間かかるので、終わるまで待つことはできません。乾燥が終わった頃に再度訪問し、ベッドメイクをおこなうなどの対応になります。その場合、20分未満のサービスなら、前の訪問と合算しての算定となります。

Q49 長年シルクのパジャマを愛用し、クリーニングに出していたので「これからも毎週、出してほしい」と頼まれました。引き受けていいですか？

　奥様が亡くなってから、下着やタオル類は自宅で洗濯し、その他はおもにクリーニング店を利用していた利用者さんです。

　パジャマやガウンなどは、長年、シルク生地を愛用していて、「これからも週に1回はクリーニングに出してほしい」とおっしゃいます。シーツや布団カバーもシルク生地のため、月に1回はクリーニングに出していたそうです。

　パジャマの洗濯表示を見てみると、確かに家庭での洗濯禁止のマークがついていました。このようなケースは初めてで、どう対応すればよいのか困っています。

🏠 利用者の状況

- 78歳、男性、要介護2。

- 半年前に脳梗塞を発症し、後遺症で左半身不全麻痺に。食事や排泄は自立。家事は支援が必要。

- ひとり暮らし。妻は5年前に他界。子どもは2人いるが、1人は遠方で生活、1人は疎遠に。

- 訪問介護で受けているサービスは、生活援助（掃除、調理、洗濯、買い物など／週4回）。

- 訪問看護（入浴も含む。週2回）、訪問リハビリテーション（週1回）を利用。

A 利用者が日常的に着用・使用しているものに限り、家庭での洗濯が適さない場合、クリーニングに出すことは可能です。

原則としては、自宅の洗濯機による洗濯が望ましいですが、この場合であれば、認められるでしょう。ただし、洗濯支援ではなく、買い物支援の扱いになります。

このケースにおいては、「パジャマやガウンは週1回、シーツや布団カバーは月1回」のクリーニングを希望しています。仮に、自宅で洗濯する頻度として考えても、どちらも妥当な回数といえるでしょう。

ですが、パジャマは衛生面にも大きく関わるため、週1回以上の着替えが好ましいといえます。その場合、数着用意してもらい、クリーニング店に行くのはまとめて週1回程度にするのが適切です。

また、シルク生地でも手洗い可能なものがあるので、変更してもらうといった相談が必要かもしれません。

Q50 「デイサービスに着ていくワイシャツはパリパリに糊付けしてアイロンをかけてほしい」とのこと。支援してもいいですか?

　元会社重役の利用者さんで金銭的に恵まれています。外出時は、長年身に着けてきたスーツスタイルでないと落ち着かないそうで、週3回のデイサービスには、ワイシャツにネクタイ、スーツで出かけています。ネクタイは自分で締められますが、それ以外の着替えは一部介助をしています。

　今までワイシャツは奥様が洗濯して糊付けしたものを着用していたそうで、訪問介護員にも同じようにしてほしいと依頼されました。これまでの生活習慣として、アイロンがけをはじめ、家事はおこなってこなかった方です。手間がかかるのですが、対応してもよいのでしょうか?

🏠 利用者の状況

- 75歳、男性、要介護2。

- 昨年、妻が病気で他界。その後、気落ちしたのか、歩行が困難になり、移動は車いすを使用。原因としては生活不活発病とのこと。上肢は動かせるが、筋力低下があり、重いものを持てず、家事動作は困難な状態。排泄はポータブルトイレや尿器を使用。

- ひとり暮らし。子どもは3人いるが、2人は遠方、1人は隣の市で生活しているが、姑の介護で支援が難しい。

- 訪問介護で受けているサービスは、身体介護(更衣など/週3回)、生活援助(掃除、洗濯、調理、買い物/週3回)。

- デイサービス(入浴も含む。週3回)、訪問看護(排便管理も含む。週3回)、福祉用具貸与(介護ベッド、車いす)を利用。

スプレーでサッと糊付けして…

A 利用者が日常的に着用している 衣類であれば、対応は可能です。

こう考えよう

　要介護だからといって、スーツの着用を制限することはできません。この利用者にとって、スーツにワイシャツ、ネクタイは普段着といえるものなのでしょう。

　洗濯してもしわにならないワイシャツなどをお勧めし、できれば変更してもらいたいところですが、おそらく長年馴染んだ綿生地のワイシャツに、糊を効かせないと落ち着かない気持ちになることが想像できます。

　今回のように、週に3着という範囲で、ほどほどの仕上がりでも納得してもらえるなら、介護保険で対応しても問題ないでしょう。

　しかし、「毎回数枚にもなり、時間も手間もかかる」「細かくクリーニング店並みの仕上げを要求される」といった場合は困難なため、自費サービスやクリーニング店の利用を提案しましょう。

Q51 布団を使用している利用者に「朝と夜、布団を押し入れに出し入れしてほしい」と言われました。対応できますか？

　築50年の一戸建て純和風の住宅で、古さはありますが、ご主人との思い出が詰まった家を大切にしながら生活しています。日中は居間で過ごしたり、デイサービスに通ったりしています。

　もともと、ご主人と2人で居間とは別の和室に布団を敷いて寝ており、自分で毎日押し入れに布団の出し入れをしていたそうです。これからもその習慣を維持していきたいと願っています。ベッドは高さがあり、怖いそうです。

　布団を敷いたままでも、日中、生活するうえで邪魔にはなりませんが、毎日の出し入れを希望しています。ベッドメイクとして引き受けてもいいのでしょうか。

🏠 利用者の状況

- 80歳、女性、要介護2。
- 加齢に伴い上肢の筋力低下があり、重いものを持つことはできない。食事や排泄は自立。家事は一部、支援が必要。
- ひとり暮らし。夫は7年前に他界。子どもは2人いるが、ともに遠方で生活している。
- 訪問介護で受けているサービスは、生活援助（掃除、洗濯、簡単な調理／毎日）。
- デイサービス（週3回）を利用。

A 日本の文化として一般的な 考え方なので、対応可能です。

 こう考えよう

　できればベッドの使用を勧めたいところですが、生活に支障がなく、ベッドの高さが怖いのであれば仕方ないでしょう。

　「布団を毎日、押し入れに出し入れする」のは、過剰な対応ではないため、基本的に引き受けても問題ありません。起床・就寝介助でも同様です。その場合、「寝室と押し入れは同じ部屋」

「敷き布団も掛け布団もシングルサイズで一般的な重量」「押し入れにしまうのに手間がかからない」といった条件なら対応は可能でしょう。

　しかし、「寝具が重い」「押し入れに高さがあり持ち上げるのが大変」「別の部屋に押し入れがある」といったような場合は、対応の可否を検討することになります。

Q52 週1回のベッドメイクをしています。その際に、エアマットレスも干してほしいと依頼されました。引き受けていいですか？

　衛生的な療養環境を維持するため、週1回は介護ベッドから車いすに移乗してもらい、ベッドメイクをしています。その際に、奥様から「夫が使っているエアマットレスも廊下（縁側）に出して干してほしい」と頼まれました。

　掛け布団は軽いので問題ありませんが、エアマットレスは重たく、ホースもあるため大変です。奥様も要介護で、歩行はつかまり歩きの状態のため、手伝ってもらうことは不可能です。

🏠 利用者の状況

- 85歳、男性、要介護5。

- 脳梗塞による後遺症で右半身麻痺があり、ほぼ寝たきり。認知症で、意思疎通も不明瞭なことが多い。

- 妻（83歳）と2人暮らしだが、妻も変形性膝関節症を患っており、要介護1。掃除や洗濯などの家事は困難な状態。

- 訪問介護で受けているサービスは、身体介護（食事、排泄、更衣など）、生活援助（掃除、洗濯、ベッドメイクなど）。
  ※妻へのサービスも含め、毎日入っている。

- デイサービス（入浴も含む。週3回）、訪問看護（週2回）、福祉用具貸与（介護ベッド、エアマットレス、車いす）を利用。

A 干すこと自体はNGではありませんが 対応しないほうがよいでしょう。

 こう考えよう

　まず、エアマットレスなどのレンタル品は適切な使用方法を守ることを前提に、利用者や家族、そして訪問介護員は使用することができます。しかし、メンテナンスは福祉用具の事業者が対応することになります。

　エアマットレスは特殊な寝具に該当するため、専門の福祉用具事業者などに対応してもらうのが適切です。干すという行為自体は制限されませんが、ベッドから下ろし、ポンプやホースなどを移動させるのであれば、適切な対応とはい

えません。故障の原因にもなりかねないので、不適切と判断されます。

　例えばエアマットレスの上に敷いてあるシーツなどを外して、そのままの状態で数十分風に当てたり、湿気をとばしたりする程度であれば可能です。訪問介護員がエアマットレスそのものをベッドから下ろすことは避けましょう。濡れたり、カビが発生したりした場合も、まずは福祉用具の事業者に対応を依頼しましょう。

「冷え性なので掛け布団は2枚用意して」と求められますが、1枚は同居の息子が使っているようです。どうしたらいいでしょうか？

　ご主人とは何年も前に離婚し、以来、ひとりっ子の息子さんと2人で暮らしている利用者さんです。息子さんは20代の頃、仕事上のトラブルで精神疾患を患い、引きこもるようになったそうです。

　「冷え性なので掛け布団は2枚用意して」と言われ、布団カバーの交換なども2枚分対応してきました。ところが掛け布団が1枚しかない日があったため、様子をうかがっていたところ、どうやら1枚は息子さんが使用し、汚れたら母親である利用者さんの部屋に戻しているようです。今後、どう対応すればよいでしょうか？

利用者の状況

- 78歳、女性、要介護1。

- 数年前に肺がんを発症し、現在ステージ4。定期的に抗がん剤治療を受けており、体調がすぐれないときは、ほとんど横になって過ごしている。食事や排泄は自立。簡単な調理や洗濯物の取り込み、畳みは可能。

- 精神疾患のある息子（45歳、無職）と2人暮らし。息子はほとんど部屋に引きこもった生活で、受けている支援はない。

- 訪問介護で受けているサービスは、生活援助（掃除、洗濯、ベッドメイクなど／週3回）。

- 訪問看護（入浴も含む。週2回）、福祉用具貸与（介護ベッド※軽度者に対する例外給付）を利用。

利用者宅にて

A 利用者以外への支援は不適切なため、できないことを伝えましょう。

 こう考えよう

　他の家族が布団を使用している事実を確認できるまでは、断定的なことはいえないかもしれませんが、疑いがあれば、できるだけ早急に対応しましょう。

　確認できたのであれば、そのまま支援を続けることはできません。まずは利用者に「訪問介護では、同居家族の分は対応できない。自費であれば対応できる」などの説明をし、理解してもらいましょう。

　そのうえで、息子にも支援が必要であれば、

障害福祉サービスの申請について助言するなどの対応が考えられます。ADLが自立していても、精神疾患により生活行為（家事など）に支障があれば、サービスを受けられる可能性があります。

　自事業所が介護保険と障害福祉の両方の指定を受けていれば、同じ訪問介護員が1回の訪問で時間を区切り、利用者と息子、それぞれにサービスを提供することも可能なため、よい提案といえます。

Q54 「タンスの中の衣類を少しずつ 処分したい。手伝ってほしい」 と頼まれました。大掃除には ならないので、対応できますか?

　心不全の持病があり、入退院を繰り返しているため、今後についてかなり不安を抱えている利用者さんです。「体がある程度動くうちに、身の回りを整理したい」とおっしゃり、「タンスの中の衣類などを処分したいので、ヘルパーさんに手伝ってほしい」と依頼がありました。

　一度に処分することはできないので、訪問のたびに少しずつおこなっていきたいとのことです。その程度なら大掃除にもならず、時間もあまりかからないのですが、対応してもよいでしょうか?

　そもそも本人主体でおこなうため、生活援助ではなく「自立生活支援のための見守り的援助」に該当するようにも思うのですが、その点はどうでしょうか?

🏠 利用者の状況

- 85歳、女性、要介護1。

- 5年前に心不全と診断され、時々発作が起きては自分で救急車を呼び、入院することが数回。現在も服薬を続けながら、自宅で暮らしている。歩行や起居動作はゆっくりだが可能。重いものを持つことはできない。

- ひとり暮らし。夫は6年前に他界。子どもは2人いるが、ともに遠方で生活している。

- 訪問介護で受けているサービスは、生活援助(買い物、掃除、ゴミ出しなど/週3回)。

- 訪問看護(週1回)、福祉用具貸与(玄関とトイレの手すり)を利用。

昔、着ていた衣類

他界したご主人の衣類

こうした衣類の整理は**NG**

A

利用者が日常的に 着用していない衣類であるため、 支援するのは不適切です。

 こう考えよう

　訪問介護員が対応できる衣類の整理は、「利用者が日常的に着用・使用している衣類のみ」です。量が少なくても、時間が短くても、普段着用していない昔の衣類などの整理や処分は、訪問介護サービスでは支援はできません。

　他界した家族（夫）の衣類の処分ももちろんできません。たとえ身体介護（自立生活支援のための見守り的援助）であっても不適切な内容

と判断されます。

　対応する方法としては、自費サービスや民間の家事代行サービス、便利屋サービスなどになるでしょう。ちなみに、自費サービスでおこなう場合、介護保険サービスでの支援が終わった後に、引き続き時間を取って対応することは問題ありません。

Q55 「デイサービスに着ていく服が ほころんでしまい、 ミシンで修繕してほしい」とのこと。 引き受けてもいいですか?

　昔からおしゃれが趣味で、今でもデイサービスには外出用の洋服を着ていきます。特にお気に入りの服が数着あり、着用する回数も多いことから、袖口やひじなどにほころびが見られます。それでも愛着がある服のため、処分できないようです。

　そのため、「ミシンを使ってほころびを直してほしい」と頼まれました。これまではご自分で補修していたそうですが、視力の低下が進み、ミシンを使うのが怖くなったとのことです。

　ミシンを使える訪問介護員は限られるのですが、対応してもいいのでしょうか?

🏠 利用者の状況

- 70歳、女性、要介護2。

- 変形性膝関節症と糖尿病を患い、最近は合併症として網膜症を発症し、視力低下が進んでいる。歩行は室内であれば何とか可能。外出時は車いすを使用。簡単な調理程度はできる。

- ひとり暮らし。結婚歴はない。定年まで公務員として勤務してきた。姉が2人いるが、ともに要介護で、支援はできない。

- 訪問介護で受けているサービスは、身体介護(起床／週3回※ディサービスに行く日)、生活援助(掃除、洗濯など／週3回)。

- デイサービス(入浴も含む。週3回)、福祉用具貸与(車いす)を利用。

A

ほころびの状態にもよりますが ミシンでの補修は可能です。

 こう考えよう

　ミシンを使うこと自体は制限しませんが、対応できるのは最小限のほころびの修繕のみです。「せっかくだから、あっちもこっちも直して」などにはならないようにしましょう。また、「繊細な生地で技術を要する」「プロ並みの仕上がりを求められる」といった場合は対応できません。

　ちなみに、毛糸のセーターなどのほころびを修繕してほしいと頼まれた場合も、そのほころびの程度にもよりますが、部分的な修繕であれ

ば、訪問介護員が技術的に対応できるかどうかで判断することになるでしょう。毛糸だからダメという制限はありません。

　しかし、現実的には綿素材にしろ、毛糸にしろ、技術的に対応できる人員が限られるため、実際には事業所ごとに判断が分かれるケースが多いでしょう。そのため、アイロンで当て布をして修繕する方法など、簡易的な方法を提案するのがよいかもしれません。

Q56 自分で着脱できるよう、ボタンを面ファスナーに替えてほしいと頼まれました。対応してよいですか?

　左半身に不全麻痺のある利用者さんですが、「できることは自分で」と意欲的な方です。そのため、「今まで着ていた前開きシャツのボタンをすべて取って、面ファスナーを縫いつけてほしい」とのことです。

　近くに長男家族が住んでいて、時々見回りには来ていますが、家族で飲食業を営んでいるため、家事や介護などは時間が限られます。ご本人は、おしゃれが趣味で活動的なため、デイサービスに行くときも服装や身なりには気を付けています。

　数枚あるので手間が結構かかりそうですが、家族による支援が難しい方なのでやってもよいでしょうか?

🏠 利用者の状況

- 82歳、男性、要介護2。

- 2年前に脳梗塞を発症し、後遺症で左半身不全麻痺。食事や排泄は自立。家事はこれまでの生活歴もあり、支援が必要。

- ひとり暮らし。妻は4年前に他界。子どもは2人いるが、1人は遠方、1人は自営業のため日常的な支援は難しい。

- 訪問介護で受けているサービスは、生活援助（掃除、洗濯、調理／週3回）。

- デイサービス（入浴も含む。週2回）、福祉用具貸与（介護ベッド、手すり）を利用。

それ以上は専門店へ

リフォーム

1〜2枚なら **OK**

A

付け替えることは
衣類の修繕ですから可能です。
でも枚数には限度があります。

　こう考えよう

　指先の動きが悪くなるとボタンを留めるのは困難です。面ファスナーだと簡単に自分で着脱できるため、衣類の修繕は自立支援の観点からもよいことです。

　しかし、手縫いでおこなう場合、1枚でも相当な時間がかかります。ミシンがあれば使用しても構いませんが、それでもある程度の時間を要するでしょう。しかも、通常おこなうことではないため、事前にケアマネジャーも含めて協議し、計画を立ててから実施します。しかし、

そのためだけにかなりの時間を計画するのも難しいでしょう。

　例えば、1枚30分として、2枚程度ならば1〜2回ほどの訪問でできるかもしれません。しかし、それ以上になると、生活援助を複数回算定することには違和感があるため、衣類のリフォーム店などに依頼することが優先されます。

　また、面ファスナーの購入も通常の買い物支援では難しいです。自費対応など、購入方法を検討することになります。

Q57 昔から食べている郷土料理を
依頼されました。
手間がかかりますが、
作ってもいいですか？

　あく抜きなど、食材の下処理に手間がかかりますが、この地域では旬の時期になると昔からよく食べられている煮物を作ってほしいと頼まれました。

　お住まいの地域は昔ながらの習慣を大切にし、祭事など年中行事を欠かさないそうです。郷土料理や節句料理などを積極的に作り、地域住民で分け合うなど、交流も盛んです。そのため、利用者さんも今までの生活習慣を大切にしています。

　時期は限定されるものの、日常的といえなくはないです。こうした場合は引き受けてもいいのでしょうか？

 利用者の状況

- 85歳、女性、要介護1。

- 変形性股関節症、膝関節症で歩行が不安定。歩行は室内であれば伝い歩きできる。外出時は介助が必要。食事や排泄は自立。家事は支援が必要。

- 夫（90歳、要介護2）と2人暮らし。子どもは3人いるが、全員遠方で生活している。

- 訪問介護で受けているサービスは、生活援助（調理、掃除、買い物／週3回）。

- 通所リハビリテーション（週1回）、福祉用具貸与（手すり、歩行器）を利用。

A 地域の慣習であっても 節句などの料理は対応できません。

 こう考えよう

　判断に迷った際、基準となる老振第76号の通知では、「正月、節句等のために特別な手間をかけて行う調理等」は該当しないとされているため、不適切と判断されます。しかし、地域で日常的に食べられている料理であれば、その地域では一般的な料理となり、調理の対象になることもあります。

　例えば、秋のいも煮や、その土地で採れた野菜の漬け物や総菜などは、一律に制限できません。対応可能ですが、下ごしらえに時間がかかるといった場合には、個別に可否を判断することになります。

　とはいえ、実際には生活援助は長くても1時間程度での対応になるため、その中で調理可能な範囲となるでしょう。

Q58 野菜をミキサーにかけて青汁を作ってほしいとのこと。対応できますか?

　脳梗塞の後遺症で左半身不全麻痺がある、独居の利用者さんです。病気をしてから健康に気を遣うようになり、食べ物に強いこだわりがあります。調理支援の際、その都度、数種類の野菜で青汁を作ってほしいと依頼されました。

　野菜を洗って切る手間やミキサーの後片付けなど時間がかかります。青汁以外にも調理するため、通常よりも時間が必要です。それでも引き受けてよいのでしょうか。

 利用者の状況

- 80歳、男性、要介護2。

- ２年前に脳梗塞を発症し、後遺症で左半身不全麻痺。食事や排泄は何とか自立。家事はこれまでの生活歴もあり、支援が必要。

- ひとり暮らし。妻は先月、持病が悪化し他界。子どもはいない。生前、妻は利用者の健康を気遣い、毎朝野菜をミキサーにかけ青汁を作っていた。その習慣を妻亡き後も続けたい、という思いもある。

- 訪問介護で受けているサービスは、生活援助（調理、掃除、洗濯、買い物／週３回）、通院等乗降介助（月１回）。

- 訪問看護（週１回）、デイサービス（入浴も含む。週２回）、福祉用具貸与（介護ベッド、手すり、歩行器）を利用。

A 青汁を作ること自体は制限しません。
時間を短縮する工夫をしましょう。

 こう考えよう

　青汁は利用者の健康のためでもあるので、対応は可能です。しかし、時間が大幅にかかるといった場合は、作り方を工夫するなど検討が必要でしょう。

　例えば、「1回分の野菜の種類を少なくする分、毎回野菜の種類を変える」「後片付けはミキサーに洗剤を少量入れて回し、その後、水だけですすぎ回しして自然乾燥させる」など、時間短縮の工夫を利用者と話し合いましょう。市販の青汁で代用できるかどうかも相談しましょう。

　また、フルーツジュースやシェイクなども同じような手間で作れますが、一般的な食事から離れていきます。「特別な手間をかけて行う調理」に類するものとして、対応できないと解釈されるでしょう。

Q59 煮物を作る際、面取りしてほしいと言われるのですが、要望に応えていいのでしょうか？

　若い頃は料理教室に通い、かなりの腕前だったせいか、注文が細かいです。食材にもこだわり、買い物は生協を利用しています。

　特に煮物を作るときは、「にんじんや大根は面取りを。こんにゃくはねじりこんにゃくに。ごぼうはしっかりあく抜きを」など、結構手間がかかる依頼をされます。「酢の物のきゅうりは蛇腹切りに」などの指定も入り困っています。

🏠 利用者の状況

- 68歳、女性、要介護3。

- 10年前に関節リウマチを発症し、徐々に進行中。特に朝のこわばりが強く、活動は昼頃から。立位は10分程度が限界。歩行は室内であれば、手すりにつかまればできる。食事や排泄などの基本動作は何とか自立。細かい動作や重いものを持つことなどは、できなくなっている。

- ひとり暮らし。結婚歴はない。姉（70歳）が市内にいて、時々訪問してくれるが、介護保険サービスを利用しながら、これからも在宅生活を続けたいと願っている。

- 訪問介護で受けているサービスは、身体介護（清拭、更衣、身体整容／週3回）、生活援助（調理、掃除、洗濯／週3回）、通院等乗降介助（月2回）。

- 訪問看護（入浴も含む。週2回）、福祉用具貸与（介護ベッド、車いす）、住宅改修（段差解消、手すり設置）を利用。

A 同じものを簡単に作る方法があれば、そちらを標準的時間として対応を判断しましょう。

 こう考えよう

　訪問介護員は調理師ではありません。調理支援で一番求められているのは、利用者の健康を維持することです。大切なことは見た目よりも栄養バランスです。手間のかかる調理法を禁止にはできませんが、支援する優先順位としては低いと判断すべきでしょう。

　とはいえ、料理は見た目も大事です。栄養バランスが整っていれば見た目はどうでもよいとはいきません。判断の基準としては、「限られた時間の中で、いかに手短に調理できるか」という視点です。訪問介護員によって腕前に差はありますが、あまり手間をかけずに調理する方法を優先し、平均的な時間を基準に判断するべきでしょう。

　そういった観点から考えると、面取りやねじりこんにゃくなど、下ごしらえや切り方にこだわるのは、優先すべきことではないといえるでしょう。

Q60

「長年、守り続けてきたぬか床でぬか漬けを作ってほしい」と依頼が。引き受けても構いませんか？

ご夫婦ともに要介護で、毎日、調理や掃除などの生活援助に入っています。奥さんが何より大切にしているのが、昔から手を加えながら使い続けているぬか床です。

現在は自分で管理するのが難しいため、訪問介護員にぬか床の手入れとぬか漬けを作ってほしいと頼まれました。引き受けていいのでしょうか？

利用者の状況

- 84歳、女性、要介護1。

- 2年前に変形性膝関節症の診断を受け、徐々に進行中。夫の発病をきっかけに一緒に介護保険を申請し、要介護認定を受けた。食事や排泄は自立。重いものを持ったり、かがんだりはできず、動作に支障がある。家事は支援が必要。

- 夫（88歳、要介護3）と2人暮らし。夫は半年前に脳梗塞を発症し、入院を経て自宅に戻ってきたが、後遺症で右半身不全麻痺。日常生活全般に介助が必要。子どもは同じ市内に住む娘（会社員）が1人いる。通院は娘が仕事を休んで対応している。

- 訪問介護で受けているサービスは、生活援助（調理、掃除、買い物）。　※夫へのサービスも含め、毎日入っている。

- デイサービス（入浴も含む。週2回）、福祉用具貸与（歩行器）を利用。

取り出して　➡　洗って切るだけなら**OK**

混ぜたり　➡　新たに野菜を漬けたりするのは**NG**

A　ぬか床の手入れやぬか漬け作りは介護保険によるサービスには該当しません。

　誰かが漬けたぬか漬けをぬか床から出して、洗って切る行為は調理とみなされますが、その際にぬか床を混ぜたり、塩を足したり、新たに野菜を追加して漬けるといった作業は調理とは異なり、趣味や余暇に類するような行為とみなされます。よって、対応できないと考えるべきでしょう。

　たいして時間がかからなくても、すべての家庭で共通のこととはみなされにくく、また食中毒などの衛生面での課題、調理の範囲が拡大してしまうなど、社会保障の守備範囲を超えてしまう課題もあります。やはり自費サービスでの対応が妥当といえます。

独居の利用者宅に娘が帰省します。その間の調理は対応できますか?

通常は独居のため調理を支援していますが、お盆や年末年始などは遠方に住む娘さんが帰省します。1週間ほど滞在するのですが、その間の調理は継続して対応してもよいのでしょうか?

 利用者の状況

- 80歳、女性、要介護2。

- 2年前に脳梗塞を発症し、後遺症で左半身不全麻痺。歩行は室内であれば伝い歩きできる。外出時は車いすを使用。食事や排泄などの生活動作はおおむね自立だが、時々間に合わないことがあり、紙パンツを使用。家事は支援が必要。

- ひとり暮らし。夫は3年前に他界。子どもは1人(娘)いて、遠方で生活しているが、年に数回、お盆や年末年始に帰省して1週間ほど滞在する。

- 訪問介護で受けているサービスは、身体介護(清拭、更衣、身体整容/週2回)、生活援助(調理、掃除、洗濯/週3回)、通院等乗降介助(月1回)。

- デイサービス(入浴も含む。週3回)、福祉用具貸与(介護ベッド、車いす)、住宅改修(段差解消、手すり設置)、買い物は宅配サービスを利用。

帰省時

今日は
お母さんの
好きな煮物よ

家族が対応

独居時

訪問介護員が対応

A 基本的には休止すべきです。家族（娘）が調理可能であればその間の生活援助は不要と判断します。

こう考えよう

　家族の帰省中はその長さにもよりますが、同居家族とみなします。よって一切の生活援助は休止すべきです。しかし、家族がどこまで支援できるのかにもよります。

　帰省中、常に家にいて利用者の世話ができる状態であれば、生活援助は休止しましょう。ですが、帰省中に親戚の家を訪問するためほとんど留守にするとか、その家族に障害があるなど、家事ができない理由があれば生活援助は継続できます。

　また、利用者に疾患があり、食材や栄養に配慮した調理が必要など、いつも調理している人でなければ難しい特別の理由があれば、帰省中でも生活援助の継続を検討する余地があります（ただし、特段の専門的配慮の必要性の度合いによっては身体介護の算定になります）。

　なお、休止する際には帰省してくる家族とも連絡を取り合って、行き違いがないように事前に対応をしてください。

Q62 夕食の調理支援を担当している利用者に「食事の際、お酒を出してほしい」と頼まれました。対応しても大丈夫ですか?

　関節疾患で車いすを使用していますが、内科系の疾患はなく食事制限などもありません。

　夕食の調理支援で毎日訪問していますが、料理に合わせて、日本酒やワインなどお酒を選んで飲みたいと言います。長年の習慣とのことです。お酒はご自身で注文し、なじみの近所の酒店が届けてくれています。

　調理中も訪問介護員と会話を楽しみながら、お酒を飲んで料理を待ちたいそうで、できればお酌もしてほしいと頼まれました。悪気もなく、紳士的な方なのですが、どうしたらいいでしょう?

🏠 利用者の状況

- 75歳、男性、要介護3。

- 変形性股関節症で歩行が困難なため、車いすでの生活。上肢は自立。排泄はトイレを改修したため、車いすから便座への移乗が可能。他の疾患や認知症などはない。

- ひとり暮らし。妻は4年前に他界。子どもは3人いるが、全員遠方で生活している。以前は会社を経営し、裕福な生活をしてきた。

- 訪問介護で受けているサービスは、身体介護(清拭、更衣、身体整容/週4回)、生活援助(掃除、洗濯/週2回、夕食の調理/毎日)。

- デイサービス(入浴も含む。週3回)、配食サービス(デイサービス以外の日)、福祉用具貸与(介護ベッド、車いす)を利用。

A お酒は購入だけでなく、準備や提供もできません。

 こう考えよう

　介護保険などの社会保障では、娯楽や趣味嗜好などの対応はできません。「コップにそそぐだけ」だとしても、不適切な行為になります。

　この利用者の場合、健康上の制限もなく、上肢は自立しているのであれば、自分でお酒を用意して、手酌で飲む分には制限できません。

　しかし、訪問介護員がお酒の準備をしたり、お酌をしたりすることは不適切です。また、調理支援に際しても、対応できるのは高齢者が日常的に摂る内容が基準です。おつまみなどの提供は慎むべきです。

　さらに、いくら健康上の制限はないとはいえ、要介護高齢者の場合、過度な飲酒は好ましくありません。声かけをして、できるだけ飲酒を控えたり、量をほどほどにしたりするよう伝えるのが訪問介護員の務めでしょう。

Q63 飲酒用ではなく調味料として使う場合、日本酒を購入できますか?

　家事が好きで、特に調理にはこだわりがあり、立位が難しくなっても、いすに座りながら自分で調理を続けている利用者さんです。買い物には行けないため、訪問介護で対応していますが、食材や調味料のこだわりがあり、買い物の際の要求も多いです。

　先日、調味料として昔から使っている日本酒を買ってきてほしいと頼まれました。飲む目的でなければ、お酒を購入しても問題ないでしょうか?

🏠 利用者の状況

- 78歳、女性、要介護2。

- 変形性膝関節症のため歩行が困難。立位も数分程度。外出時は車いすを使用。食事や排泄は自立。

- ひとり暮らし。夫は4年前に他界。子どもは2人いるが、ともに遠方で生活している。

- 訪問介護で受けているサービスは、身体介護（移乗・移動／週3回）、生活援助（掃除、洗濯、買い物／週2回）、通院等乗降介助（月2回）。

- デイサービス（入浴も含む。週3回）、福祉用具貸与（介護ベッド、車いす、スロープ）を利用。

A　調味料として使用するのであれば 構いませんが、注意が必要です。

 こう考えよう

　煮物などを作る際、調味料として使用する目的であれば、買い物の対象になりますが、その場合でも料理酒などを優先しましょう。もし、飲用する可能性があるならば、対象にしないほうがよいでしょう。

　疾患があり、お酒を制限されていれば言うまでもありませんが、制限されていない場合、飲酒をしている利用者もいるかと思います。利用者からすれば日常的な食事の一部かもしれませ

んが、分類としては健康保持のための食事ではなく、あくまでも嗜好品になります。

　「酒は百薬の長」ともいわれますが、自立支援の目的からは逸れると判断したほうがよいでしょう。

　もし飲酒のためのお酒が必要であれば、家族による購入や酒店やスーパーなどの配達サービスを活用し、利用者自身で確保してもらうことになります。

食料品を買うついでに、雑誌を購入できますか？

数年前に発症した心不全が進行し、ベッド上で安静を強いられている利用者さんです。若い頃から車好きで、高級車に乗っていたそうですが、発病してから意識消失が起き、医師から運転を控えるよう言われ、手放しました。今でも車の雑誌や動画を見るのが趣味です。

ある週刊誌が、車の特集をしている情報を得たようで、「スーパーで食料品を買うついでに、その雑誌を買ってきてほしい」と頼まれました。引き受けてよいでしょうか？

利用者の状況

- 75歳、男性、要介護4。

- 数年前に心不全を発症。ベッド上で安静を強いられているが、ベッド上での食事や身体整容は自立。排泄は全介助。認知症などはなく、コミュニケーションは自立。

- ひとり暮らし。妻とは20年前に離婚し、子どもが3人いるが疎遠に。以前は会社を経営しており、経済的には恵まれている。

- 訪問介護で受けているサービスは、身体介護（清拭、更衣など／毎日）、生活援助（調理、掃除、洗濯、買い物／週4回）。

- 訪問診療（月2回）、訪問看護（週3回）、訪問リハビリテーション（週2回）、訪問入浴（週4回）、福祉用具貸与（介護ベッド、エアマットレス、車いす）を利用。

A 雑誌を買うことは 原則として不適切です。

 こう考えよう

　雑誌は余暇に関する物ですので、介護保険での買い物の対応には適さないと判断できます。例えば雑誌を買うことを目的に書店に行くとなると、明らかに不適切です。また、スーパーなどの途中に書店に寄ることも不適切です。

　しかし、雑誌によってはスーパーにも売っています。食料品を買うついでに雑誌をカゴに入れたとしても、時間的にはほとんど変わらないでしょう。

　とはいえ、「仏壇の花を買ってきて!」「お酒を買ってきて!」「たばこを買ってきて!」などと、際限なく"ついで"が広がってしまう恐れがあります。そう考えると、原則としては"ついで"を認めず、適正な品目のみの買い物支援としたほうが、混乱を防げます。

Q65 セール中の衣料品店に、パジャマを買いに行くことはできますか?

　経済的には問題ありませんが、以前から質素な生活をしてきた利用者さんです。物を大切に使う性格で、親が建てた築70年の自宅も補修しながら大切に住んでいます。

　新聞の折り込みチラシで近隣の衣料品店がセールをしていることを知り、「この期間中にパジャマを買ってきてほしい」と頼まれました。

　より近くに他の衣料品店もあるのですが、セールはしていません。安く買えるのであれば対応してもよいですか?

🏠 利用者の状況

- 88歳、男性、要介護3。

- 後縦靭帯骨化症（こうじゅうじんたいこっかしょう）で1年前に手術をしたが、身体機能が改善せず、寝たり起きたりの生活となった。認知症はなく、意思疎通は自立。歩行は室内であれば数メートル伝い歩きできる。外出時は車いすを使用。食事や排泄（ポータブルトイレ使用）は自立。

- ひとり暮らし。妻（83歳、要介護4）は認知症が進行し、施設に入所。子どもは3人いるが、全員遠方で生活している。

- 訪問介護で受けているサービスは、身体介護（移動、清拭、更衣、身体整容／週3回）、生活援助（調理、掃除、洗濯、買い物／週3回）。

- 訪問診療（月1回）、訪問看護（週2回）、デイサービス（入浴も含む。週2回）、ショートステイ（不定期利用）、福祉用具貸与（介護ベッド、車いす、スロープ、手すり）を利用。

A 一概にダメとはいえません。パジャマを必要としている状況によります。

 こう考えよう ....

　まず、パジャマは療養に関する衣料品ですので、品目としては問題ありません。ただし、頻回に購入する物ではないので、「療養生活をするうえで不足している」「古くなって買い替えが妥当」などの理由が必要です。

　また、購入の優先順位は家族です。例えば、食料品などは、別居の家族が週末のみ買い物支援が可能だとしても、日持ちしないことや、週の半ばで補充する必要があるなどの場合、訪問介護員の対応が可能になります。

　しかし衣料品は、週末の家族対応でも間に合うとなれば、家族が優先になります。さらに、セールのような期間限定で、「今日買わなければ」といった場合、個人の金銭的な事情で社会保障が優先されるという判断は不適切といえます。また、セールをしているお店の距離が遠い場合も、近くの衣料品店が優先されます。

Q66 災害時用の懐中電灯、水や保存食などを買いに行くのは問題ないですか？

中学校教諭として定年まで勤め、性格的にも真面目で無理な要求をすることのない利用者さんです。普段、依頼される買い物は、食品やトイレットペーパーなど適切な物だけです。

しかし、最近は災害が各地で起きており、自宅に災害時用の備えがないことに気付き、不安になったようです。近くに家族や友人がいないため、他に対応できる人がいません。娯楽品や嗜好品ではないので、対応してもいいですか？

 利用者の状況

- 80歳、男性、要介護1。

- 脊柱管狭窄症を患い、歩行が不安定。自宅内の生活はおおむねできるが、運転免許を返納し、外出には支援が必要。

- ひとり暮らし。妻は昨年、他界。子どもは2人いるが、ともに遠方で生活している。

- 訪問介護で受けているサービスは、生活援助（買い物、掃除、調理／週3回）、通院等乗降介助（月1回）。

- デイサービス（入浴も含む。週3回）、福祉用具貸与（手すり）を利用。

A 購入することは可能ですが、その内容や量にもよります。

 こう考えよう

　懐中電灯は日常的に使用するものではありませんが、停電などが起きたときに、身の安全を守るうえで欠かせないものです。予備の電池や保存食、保存用の水など、災害時用の物品や保存食も生活必需品と判断できるため対応可能です。

　これらは特別手に入れにくい物ではなく、近所のスーパーやドラッグストア、ホームセンター等でも購入できるでしょう。もしも、専門店

等でなければ売っていないようなものを要求されたら、それは対応できないと判断すべきです。

　また、持ち運べないほどの量を依頼された場合も対応不可です。常識的な範囲内で多めに保存することを望むのならば、まずは最小限の蓄えを備えてから、その後の買い物支援で、少しずつ買い足していくなどの対応がよいでしょう。

お得になるので、箱買いやまとめ買いを求めてくる利用者がいます。これは対応可能でしょうか？

経済的には困っていませんが、とにかく得する方法を優先する習慣がある利用者さんです。通信販売や宅配サービスは割高であると思っており、利用したくないそうです。

買い物の内容自体は食品や水などですが、「日持ちするものは、まとめ買いのほうが安いので箱で買ってきて」などと依頼されます。

訪問介護員は自転車で訪問するため、物によっては重くて大変です。特にペットボトルの水などは危険も伴い困っています。断ってもいいのでしょうか？

 ## 利用者の状況

- 85歳、女性、要介護1。

- 変形性膝関節症により歩行が不安定で、座って過ごすのが中心の生活。外出には支援が必要。室内での生活はおおむね自立。家事も買い物以外は自立。

- ひとり暮らし。夫（91歳、要介護4）は3年前から施設に入所。子どもは3人いるが、全員遠方で生活している。

- 訪問介護で受けているサービスは、生活援助（買い物／週1回）、通院等乗降介助（月1回）。

- 訪問リハビリテーション（週1回）、福祉用具貸与（歩行器、手すり）を利用。

サービス提供責任者

（サービス提供責任者）箱で買うと重たくヘルパーがケガをする危険があるのでご協力いただけませんか？

Wさんのお金を大切にするお気持ちはわかるのですが

A 箱やまとめ買い自体は対応できますが、量には制限があるでしょう。

こう考えよう

　この利用者の場合、週1回の買い物支援が入っているため、それほどまとめ買いしなくても不自由しないと思われます。基本的には1週間の生活が維持できる程度の買い物量が適切です。

　しかし、まとめて買えば今後しばらく買わなくて済むような場合、箱やまとめ買い自体は制限しません。しかし、自転車や徒歩で訪問していると、ペットボトル飲料や缶詰などの重量がある物、前が見えないほど大きな箱に入った物などは、移動時に危険が伴います。その点も考慮して買い物の量などを適正に判断することになります。

　車で訪問する場合も、やはり買い物支援の頻度と、その間に消費する量を基本として対応すべきです。「安売りをしているから数箱まとめて買ってきて」といった依頼は、社会保障で支援する通常の買い物とはいえません。自費サービスなどで対応するのが適切でしょう。

Q68 買い物の支払いに クレジットカードを希望しています。対応しても問題ないですか?

若い頃から、現金よりクレジットカードを使う生活を送ってきた利用者さんです。今でも支払いは口座引き落としかクレジットカード中心です。

行きつけのスーパーはクレジットカードをカードリーダーに差し込むだけで、暗証番号の入力も不要なため、「現金を預けるのと変わらないから、クレジットカードで支払って」と言われています。

🏠 利用者の状況

- 75歳、女性、要介護3。

- 変形性股関節症、膝関節症を患っており、歩行はできないため、移動は車いすを使用。移乗は可能。外出は介助が必要。食事や排泄は自立。家事は、調理はできるが掃除は介助を要する。認知症はない。

- ひとり暮らし。結婚歴はない。定年まで金融機関に勤めていた。姉が2人いるが遠方に住んでいるうえ、長年交流はない。

- 訪問介護で受けているサービスは、身体介護（更衣など／週3回）、生活援助（掃除、買い物など／週3回）。

- 訪問看護（入浴も含む。週2回）、通所リハビリテーション（週1回）、福祉用具貸与（介護ベッド、車いす）を利用。

クレジットカード

スマホを使った
二次元コード／バーコード決済

電子マネー

これらは**買い物支援**で**使えない！**

A 暗証番号の入力やサイン（署名）が不要であっても、クレジットカードを預かっての支払いはできません。

 こう考えよう

最近はキャッシュレス決済が日常に浸透してきていますが、クレジットカードや端末を使用した電子マネーなどによる支払いは、契約した本人のみの使用に限られています。他人が使用した場合、契約違反となり、トラブルに発展しかねません。

そのため、決済時に暗証番号の入力やサイン不要で利用できる店舗が増えているとはいえ、訪問介護員がクレジットカードを預かることは不適切になります。この場合は、面倒でも現金を用意してもらうか、利用者に同行する形での買い物支援に切り替えるなどの対応になります。

もちろん自費サービスであっても、クレジットカードを他人が使用することはできないので注意してください。

通信販売で購入した代金を「コンビニで支払ってきて」と頼まれましたがいいですか？

　胸椎損傷のため、自宅内では車いすを自走していますが、外出時は支援が必要な利用者さんです。とはいえ、パソコンやスマホを使いこなせるので、基本的に買い物は通信販売や宅配サービスを利用しています。

　普段はクレジットカードや代引きで支払いをおこなっていますが、利用できないオンラインショップの場合、「自分では行けないので、コンビニで支払ってきてもらえないか」と頼まれることがあります。コンビニは利用者宅から車で5分以内の場所にあります。買い物支援の一環として対応してもいいのでしょうか？

 **利用者の状況**

- 70歳、女性、要介護4。

- 数年前に自宅で転倒し、胸椎を損傷。上肢は自立、下肢はまったく動かない。起居動作はできるが、歩行はできず、現在は車いすでの生活。尿は自分で導尿して排泄している。家事は、調理はできるがその他は介助を要する。

- ひとり暮らし。結婚歴はない。身寄りもない。65歳まで会社の執行役員などを務めてきた。経済的に恵まれており、自宅は住宅改修をおこない、車いす対応（バリアフリー）になっている。

- 訪問介護で受けているサービスは、生活援助（買い物、掃除、洗濯など／週3回）、通院等乗降介助（月1回）。

- 訪問看護（排便コントロール、入浴も含む。週3回）、福祉用具貸与（介護ベッド、車いす、手すり、スロープ）を利用。

支払い
お願い
します

オンラインショップで
お米を買った分の
請求書

A 利用者が購入した商品の内容によって対応の可否は変わるでしょう。

 こう考えよう

　"コンビニ等での支払い代行"は、買い物支援の一環として対応が可能です。とはいえ、それが何の支払いなのかによります。

　通常の買い物と同様、対応できるのは、「日常生活において欠かせない食品や消耗品類」あるいは「公共料金や税金」の支払いです。娯楽品や嗜好品はもちろん、お歳暮などの贈答品の支払い等は不適切と判断されます。生活必需品

と嗜好品を同時に購入した場合の支払い代行も対応しないのが適切でしょう。

　「支払う行為自体には違いがないのでは？」と思うかもしれませんが、そうなると、「娯楽品であっても買い物をする行為自体は同じ」となってしまいます。やはり、その内容に応じて厳密に判断すべきです。

Q70 利用者が通信販売で何かを注文し、受け取りだけ依頼されました。内容が不明ですが引き受けてもよいでしょうか？

日常的にインターネット通販で買い物をしている利用者さんです。注文等はご自分でなさるのですが、下半身不随のため、受け取りは支援しています。

これまでは食品や衣類などの生活必需品でしたが、今回は何か別の物を購入したようです。何を頼んだのかは教えてくれず「必要な物だからいつも通りにお願い」と言うので困ってしまいました。

 利用者の状況

- 68歳、男性、要介護4。

- 3年前、庭の手入れ中にはしごから落ちて胸髄を損傷し下半身不随に。現在はほとんどベッド上で過ごしている。寝返りはつかまれば可能。起居動作や移乗・移動は一部介助が必要だが、車いすは自走できる。食事は自立。排泄は尿道留置バルーンカテーテル、排便は訪問看護で管理している。

- ひとり暮らし。結婚歴はなく、近くに家族や親類もいない。

- 定年まで企業で経理を担当。パソコンの扱いには慣れているため、現在もベッド上でパソコン操作をしながら過ごしている。買い物はほぼインターネット通販を利用している。

- 訪問介護で受けているサービスは、身体介護（清拭、更衣など／週3回）、生活援助（家事全般／毎日）。

- 訪問看護（健康管理、排便管理も含む。週3回）、訪問入浴（週2回）、福祉用具貸与（介護ベッド、車いす、スロープ）を利用。

生活必需品以外は
受け取れないルール
ですので
何を注文したのか
教えてもらえますか？

A 必ず商品の内容を確認しましょう。
生活必需品であれば対応できます。

こう考えよう

　対応するには、生活必需品であることの確認が必要です。おそらく利用者からすれば「受け取る手間は同じ」と思われるでしょう。しかし、公的な支援である以上、ルールを守ってもらえるようお願いするべきです。

　仮に不明なまま受け取ったとしても、その内容が不適切な物であれば、単に受け取るだけの対応に留め、支払いや収納などはできないこと

を伝えましょう。もし、その訪問が受け取りだけの目的であれば、介護保険に請求はできません。

　こうした事態を回避するには、通信販売における支援について、事前の説明が重要になります。生活必需品以外であれば、自費での対応になることも伝える必要があります。ケアマネジャーも含め、事前に話し合いをしっかりおこないましょう。

Q71 「PTPシートから1錠ずつ切り分けるのは自分でやるので、お薬カレンダーに入れてほしい」という依頼は受けられますか？

　糖尿病などの持病があり、3種類の薬を服薬している利用者さんです。通院日の夕方にも生活援助で訪問し、薬の受け取りなどを支援しています。

　これまでは、ご自分でPTPシートから1錠ずつ切り分け、一度に服用する分をお薬カレンダーに仕分けていました。ですが最近、視力低下が進み、間違ってしまうのが怖いそうで、「シートから切り分けるのは自分でやるので、お薬カレンダーに仕分ける作業だけお願いできないかしら」と相談を受けました。

　薬の受け取りは訪問介護サービスで認められていますが、こういった支援も引き受けてよいのでしょうか？

 ## 利用者の状況

- 75歳、女性、要介護2。

- 2年ほど前から糖尿病による網膜症があり、視力が低下。自宅内であれば、手探りで起居動作や歩行は可能。食事や排泄も何とか自立。外出時は車いすを使用。

- ひとり暮らし。夫は10年前に他界。子どもは2人いるが、ともに遠方で生活している。

- 訪問介護で受けているサービスは、生活援助（調理、掃除、洗濯、買い物、薬の受け取りなど／週4回）、通院等乗降介助（月1回）。

- 訪問看護（入浴も含む。週2回）、福祉用具貸与（介護ベッド）を利用。

A たとえPTPシートからの切り分けを 利用者がおこなったとしても 分包行為になるためできません。

こう考えよう

　薬の管理や服薬は、医療に関わるため、訪問介護員ができることに制限があります。お薬カレンダーやお薬ケースなどに入れることができるのは、「一包化された薬」か「1種類の薬のみ」の場合です。

　利用者がPTPシートから1錠ずつ切り分けたとしても、訪問介護員が3種類の薬をお薬カレンダーに入れることは分包行為に該当します。「それほど難しい作業ではないのにダメなの?」

と思うかもしれませんが、もし間違えたら大変なことになり、訪問介護員の責任問題にもなりかねません。

　よって、家族や知人による支援が難しいのであれば、資格として認められている医療職(看護師や薬剤師など)に依頼することになります。このケースでは訪問看護が入っているので、看護師に対応してもらうとよいでしょう。

Q72 近所のドラッグストアで処方薬を受け取るついでに市販薬の購入も頼まれました。引き受けていいですか?

　処方箋を預かり、薬の受け取りを支援しています。これまでは小さな調剤薬局を利用していたのですが、半年ほど前、近くに大型のドラッグストアができ、今はそこで処方薬をもらっています。

　利用者さんに、「今度から薬をもらいに行くときは、いつも使っている解熱剤と湿布と目薬も買ってきてほしい」と市販薬の購入も頼まれました。対応してもいいのでしょうか?

 利用者の状況

- 83歳、男性、要介護3。

- 脳梗塞による後遺症で右半身不全麻痺。数メートルの歩行は可能だが、普段は車いすを使用。立ち上がりは可能。食事は左手で自立。排泄は日中はトイレ、夜間はポータブルトイレを利用している。

- ひとり暮らし。妻は3年前に他界。子どもは1人いて、隣の市で生活しているが、自身も病気を患い、父親の支援は難しい。

- 訪問介護で受けているサービスは、身体介護（清拭、身体整容、更衣など／週3回）、生活援助（調理、掃除、洗濯、買い物、薬の受け取りなど／週4回）。

- デイサービス（入浴も含む。週2回）、福祉用具貸与（介護ベッド、車いす）を利用。

A 市販薬（医薬品）を買う支援は不適切です。

 こう考えよう

　まず、買い物支援で対応できる物品は、日常生活において欠かせない食品や消耗品類だけです。「市販薬も必需品」といえるかもしれませんが、医薬品に関しては処方されたものしか支援できません。市販薬であっても、処方されている薬との飲み合わせなどの問題が生じる可能性があるからです。

　よって、医薬品に関しては、すべて医師などの医療職の管理下におくことが重要です。医師が認めた市販薬であれば購入の支援が可能な場合もありますが、利用者の判断や希望では対応

できません。

　ただし、利用者が自分で市販薬を買って服用していたり、通信販売で健康食品を購入し、摂取していたりする場合もあるでしょう。助言は必要ですが、制限はできません。気になる場合は医療職に相談し、判断を仰いでください。

　また、医薬部外品の購入を依頼された場合、制限はしませんが、日常生活用品であるかが判断の基準になります。日常的に使用している必需品であるかを確認しましょう。

薬を受け取りに行ったら「すべて揃わないので、明日また来てください」とのこと。臨時対応してもよいでしょうか?

同居のご主人も要介護1で、外出には支援が必要なため、訪問診療の際、医師から処方箋が出ると、訪問介護員が近くの薬局に薬を受け取りに行く支援を続けています。

いつも通り処方箋を預かり、薬局へ行くと「新しい薬が追加されたのですが、在庫がないため、今日はお渡しできません。明日また来てもらえますか」と言われました。

このような場合、どう対応するのが適切なのでしょうか?

🏠 利用者の状況

- 90歳、女性、要介護4。

- 関節リウマチで歩行不可。日中もほぼ横になって過ごしている。軽度のアルツハイマー型認知症で、短期記憶障害がある。食事はベッド上で見守りにて摂取可能。排泄は紙おむつを使用し、訪問介護員や支援者がいるときはポータブルトイレも使用。

- 夫(92歳)と2人暮らし。子どもはいない。夫も要介護1で、訪問介護(生活援助／週3回)、デイサービス(週2回)を利用。外出などは介助が必要。洗濯は何とかおこなっている。

- 訪問介護で受けているサービスは、身体介護(排泄、清拭など／毎日)、生活援助(調理、掃除、買い物、薬の受け取りなど／週4回)。

- 訪問診療(月1回)、訪問看護(週2回)、訪問入浴(週2回)、福祉用具貸与(介護ベッド、車いす)を利用。

A 他に薬を受け取りに行く手立てが なければ、臨時対応は可能です。

 こう考えよう

　新しい薬が追加された場合など、こうしたケースは出てくると思います。通常は在庫がない薬でも、発注すればその日のうちに届くことが多いですが、薬局に行った時間が夕方などの場合、翌日になることもあります。その際は、できる限り、薬の受け取りが完結することを優先します。

　もし、シフトの調整が困難で、翌日に対応できなければ、ケアマネジャーなどに相談してください。また、最近では、薬を自宅まで届けてくれる薬局も増えているので、利用するのも一案でしょう。

　利用者が薬局の配送サービスを希望していたり、興味を示していたりするのであれば、地域でサービスをおこなっている薬局を調べてみるとよいでしょう。

利用者の 価値観が多様化 する社会における支援を考えよう

時代とともに、私たちを取り巻く環境は変化し続けています。それにより、人々の考え方や価値観、生活習慣なども変化していくものです。

介護保険制度が始まった20年以上前と比べ、**大きな変化のひとつにICT化**があります。実際、仕事やプライベートにおいて、日常的にスマホやタブレット、パソコンを使用している人が大半ではないでしょうか。それは利用者も同様といえます。

例えば買い物の場合、「食料品や日用品はネットスーパーで購入し、支払いは電子決済を利用。スマホで家計簿を管理」といったように、様々な最新サービスを使って生活を楽しむ利用者が珍しくなくなるかもしれません。

そうなると、支援に関わるうえで、知っておくべき情報が増える可能性があります。例えば、次のようなケースに悩んだことはありませんか。

利用者との連絡手段として SNSを活用してよい?

利用者と事業所との連絡に活用するのは特に問題ありませんが、利用者と個人的（事業所貸与ではなく個人の端末等を含む）に連絡を取り合うのは、個人情報やセキュリティなどの問題が生じるため不適切です。これはSNSに限らず、電話でも同じです。

また、利用者と事業所間で活用する際は、利用者の同意や個人情報の取り扱いに関する規定などを定めておく必要があります。

クレジットカードや 電子決済など、現金以外での 支払いは可能?

契約者や会員本人による使用に限定されているので、訪問介護員がクレジットカードや電子決済の端末やICカードなどを預かること自体、不適切です。誰でも使用可能な商品券やQUOカードなどは、現金と同様の扱いになるので問題ありません。しかし、「お釣りが出ない」「使用できる品目が限定されている」などの条件があるので、事前に利用者と話し合い、確認しておく必要があります。

今後も新たな技術や仕組みが開発されていくでしょう。それぞれ現行の介護保険制度などのルールに照らし合わせ、**不適切でなければ利用者の希望に応じた支援をおこなうことが求められ**ます。

しかし一方で、20年以上経過した基準自体を、現在の生活様式に対応し得る内容に見直していく必要性も感じます。この点については国の判断に期待したいところです。

医療行為

訪問介護における医療行為
ではないとされる行為

生活リハビリテーション
（生活リハ）

通院介助&
通院等乗降介助 編
（通院等）

医療行為ではない行為の対応と「これは医療行為?」と迷うケースについて

訪問介護員が医療行為をおこなえないことはいうまでもありませんが、平成17年および令和4年に出された通知「医師法第17条、歯科医師法第17条及び保健師助産師看護師法第31条の解釈について」で、一部条件付きのものも含め、"医療行為ではない"とされるものが下記の通り明記されています。

では、訪問介護員は一部の条件を満たせばこれらの行為をおこなえるかというと、解釈としては問題ありませんが、あくまでも法律上のことで、**実施するうえでの技術や問題が起きたときの責任が免除されるわけではありません**。特段の研修なども設けられていません。そのような状況から、内容にもよりますが、これらの行為は**積極的に認められたものではない**と解釈するほうが妥当です。

つまり、訪問介護計画にあらかじめ「座薬や浣腸の介助」などを位置付けることは推奨できません。実際の現場では、緊急時対応として医療職の指示を受けて対応する場面もありますが、座薬挿入が未経験の訪問

介護員であれば避けるべきです。

一方で、体温や血圧測定などは入浴介助時におこなうことが日常的ですし、**服薬介助や口腔ケアなどはむしろ重要な支援**です。これらの行為は計画に位置付けたうえで、しっかりと技術を修得して対応するようにしましょう。

ちなみに、平成24年4月から施行

された「社会福祉士及び介護福祉士法」改正によって、介護職員にも痰の吸引と経管栄養の介助が認められました。これらは指定研修の受講義務や医療体制の確保などが求められており、ある程度の技術と責任の担保が定められています。そのため、訪問介護でも身体介護で算定が可能になっています。

医療行為ではない行為

いずれの行為も前提条件があるので、根拠となる通知内容を読み、詳細を確認すること。実施の際には、利用者の状態を踏まえ、医師や歯科医師、看護職員との連携や、必要に応じてマニュアルの作成および医療従事者による研修の実施が推奨されている。

平成17年に示された行為の概要

- ●体温測定 ●血圧測定 ●パルスオキシメーターの装着
- ●軽微な切り傷、擦り傷、やけどなどの処置
- ●医薬品(一包化された内用薬や軟膏、湿布、点眼薬など)の使用の介助
- ●爪切り ●口腔ケア ●耳掃除
- ●ストマ装具のパウチに溜まった排泄物の除去
- ●カテーテルの準備や体位の保持
- ●市販の浣腸器を用いた浣腸

根拠:「医師法第17条、歯科医師法第17条及び保健師助産師看護師法第31条の解釈について」(医政発第0726005号)

令和4年に追加された行為の概要

- ●インスリンの投与の準備・片付け関係
- ●血糖測定関係 ●経管栄養関係 ●喀痰吸引関係
- ●在宅酸素療法関係 ●膀胱留置カテーテル関係
- ●服薬等介助関係 ●血圧等測定関係
- ●食事介助関係 ●入れ歯の着脱及び洗浄

根拠:「医師法第17条、歯科医師法第17条及び保健師助産師看護師法第31条の解釈について(その2)」(医政発1201第4号)

Q74 虫刺されの市販薬は、医師などに確認せず塗っても大丈夫ですか？

利用者さんが蚊に刺されたようで、かゆみを訴えています。赤く腫れていて、いかにもかゆそうです。利用者宅にある市販の虫刺され薬を塗ってもよいですか？

少し腫れているので明日、看護師さんに診てもらってくださいね

A 常備されている虫刺され薬であれば制限はされませんが、厳密にいえばできないことになります。

こう考えよう

一般的に蚊に刺された程度であれば、「利用者に薬を手渡す」または「軟膏を指先に出してあげ、自分で塗っていただく」くらいは問題にはならないでしょう。利用者が自分で塗ることができず、代わりに塗る家族もいないなどの理由があれば、訪問介護員が塗布することも制限はされていません。

ですが、蜂に刺されたり、腫れがひどかったり、複数の箇所にわたって刺された場合などは受診したほうが無難です。また、虫刺され薬によって皮膚に過敏な反応が出る人もいます。利用者宅にある常備薬だとしても安心はできません。その場合は軽視しないで、医療につなげたほうが安全です。

Q75 湿疹があり、以前に処方された軟膏があるとのこと。似た症状なので塗ってもよいですか?

皮膚トラブルが多い利用者さんです。不定期で皮膚科にかかっていて、今回もまた同じような湿疹が確認されました。以前の軟膏が残っているので塗ってあげたいのですが……。

皮膚科の先生に診てもらいませんか?

すみません。このお薬2カ月前のものなので使えないんです

かゆい…

A たとえ以前に処方された軟膏でも塗ってはいけません。

　これは専門医の判断が必要なケースです。今回の湿疹のようなものが、以前の湿疹と原因が同じであるか、そもそもそれが湿疹なのか等々、訪問介護員が勝手に判断してはいけません。特に皮膚トラブルが多い利用者の場合、正確な診断が重要となります。まずは受診を勧めましょう。

　さらに薬には使用期限が定められています。処方薬の場合は塗り薬でも飲み薬でも、通常、○○日分、○週間分などと明記されており、それを過ぎた薬品は基本的に使用してはいけません。もし、利用者が自分で判断して塗っている場合、上記のことを説明しましょう。そして頓服使用が希望ならば、そのことを主治医に相談してみましょう。

Q76 微熱があり、「冷却ジェルシートを貼ってほしい」と頼まれました。対応してよいですか?

訪問したら利用者さんに微熱がありました。「冷却ジェルシートを買い置きしてあるので貼ってほしい」とのこと。引き受けても問題ないでしょうか。

A 冷却ジェルシートは医療品ではないので貼ること自体は問題ありません。

 こう考えよう

冷却ジェルシートや氷枕、冷却枕などは医療用品ではないので、使用を介助すること自体は医療行為にはなりません。しかし、これらは熱を根本から下げるものではなく、使用すれば安心というものでもありません。

重要なのは、なぜ熱が出たのかを確認し、医療職につなげることです。たとえ本人が「大丈夫」「微熱程度はよくあるから」と、受診等を断ったとして

も、主治医や訪問看護師等に熱があることを伝えるなどの対応を心がけましょう。

また、「冷却ジェルシートを買ってきて」と頼まれた場合、買い物援助が訪問介護計画書にあれば、スーパーやドラッグストアなどでの購入は制限されません。しかし、「市販薬（かぜ薬など）を一緒に買ってきて」という依頼は対応できません。専門医の受診が優先されますので留意してください。

Q77 おむつ交換時に、訪問看護師が対応した褥瘡（じょくそう）の処置ガーゼが汚れていました。交換していいですか？

午前中の訪問看護で処置したガーゼが、午後の訪問介護の介助時、便で汚れていました。再度、訪問看護師を呼ぶのも大変なので、訪問介護員がガーゼ交換をしても構わないでしょうか。

了解しました

すぐに確認してもらえますか？

現場のヘルパーから届いた処置後の画像を送ります

訪問看護師

サービス提供責任者

A 可能ですが、正しく処置されたかの確認をできるだけ早くしてもらいましょう。

「医師法第17条、歯科医師法第17条及び保健師助産師看護師法第31条の解釈について」の中で、汚物で汚れたガーゼの交換は医療行為ではないと書かれているので対応できます。このケースでも褥瘡の状態によりますが、ガーゼの表面のみが汚れていて、同じようにガーゼを貼り直すだけであれば問題ないでしょう。

可能であれば処置後の状態を写真に撮り、訪問看護師に送信して確認してもらってください。ただし、非常にプライバシーに関わることですので、写真を撮る際は、利用者や家族への事前の許可が必要です。そのためにも日頃の連携が求められます。

しかし、創部に便が付着しているような場合は消毒が必要です。深い褥瘡は出血も伴います。そのような状況であれば、再度訪問看護を依頼しましょう。

Q78 とげを毛抜きで抜いてほしいと頼まれました。引き受けてもいいですか?

訪問したら、利用者さんの指にとげが刺さってしまったようで、「毛抜きで取って」と頼まれました。よく見ると、少し先が見えるので取れなくもないのですが、いいでしょうか?

あら、そうなの?

ヘルパーはとげ抜きをしてはいけないんです。訪問看護師さんに連絡しますね

A とげ抜きは医療行為に準じるので不適切といえます。

 こう考えよう

適切に処置できる家族がいれば、家族が優先です。次に訪問看護、外科、皮膚科などへの受診を勧めましょう。もし、どちらもすぐには対応ができない状況で、緊急性が求められるのであれば、事業所の判断による対応となるでしょう。

今回のように、とげ先が見えていて簡単に抜ける程度であれば、出血などの可能性があることを利用者と共有したうえで、対応できる場合もあります。

しかし、とげが完全に皮膚の中に入ってしまっている場合は迷わず受診を勧めてください。どちらにしても緊急時にすぐ対応できるよう、事前に医療職と対応を話し合っておきましょう。

ちなみに「毛抜きを使って白髪を抜いてほしい」と頼まれた場合も、毛を抜くことは認められません。訪問介護員はできないことを説明してください。

Q79 家族が胃瘻の処置をする際、「テープを貼って」「胃瘻の管を持って」など依頼してきます。引き受けていいのでしょうか？

胃瘻を造設している利用者さんの入浴介助をしています。当初はご家族が胃瘻の処置をすべておこなっていたのですが、手助けを求めてくるようになり、どこまで対応してよいのか困っています。

A 「胃瘻の管を持つ」程度であれば、研修を受けていない訪問介護員でも対応できます。

訪問看護による入浴のほうが安心ですが、地域の社会資源では毎回の対応が難しいなどの場合、特段皮膚トラブル等がなければ訪問介護での入浴介助は可能です。

胃瘻を含む経管栄養のケアは、指定研修および実地研修を修了した介護職しかできませんが、入浴介助は誰が担当しても構いません。しかし、想定されることなど、事前に医療職から指導を受ける必要

があります。

実際の現場では、家族も高齢で、何かと手伝いを求められるケースがあると思います。入浴後、創部にガーゼを当てる等の処置は毎回必要になりますが、研修を受けていない訪問介護員は手伝えません。もし、家族による処置が難しくなっているようであれば、訪問看護による入浴や訪問入浴に切り替える必要があるでしょう。

Q80 インスリンの自己注射の見守りや確認は可能ですか?

糖尿病の治療のため、自分でインスリン注射をしている利用者さんがいます。「最近、目盛り設定が不安」と言っています。本人がおこなうのを確認のために見守るのは問題ないでしょうか?

問題なく注射できているようだわ

A あらかじめ医師から指示されたタイミングでの実施の声かけ、見守りであれば問題ありません。

インスリンの自己注射は完全な医療行為ですから、大前提として訪問介護員が関わることはできません。しかし、「医師法第17条、歯科医師法第17条及び保健師助産師看護師法第31条の解釈について（その2）」で、新たに"医療行為ではない行為"として、一部対応できるようになりました。まずは通知を確認してみてください。

また血糖値測定もおこなっているかと思いますが、こちらも測定値の読み取りや血糖値の確認は訪問介護員がおこなえる行為となりました。

いずれにしても、実施に当たっては、医療職との連携のうえでおこなうよう留意してください。

訪問介護における
生活リハビリテーションについて

理学療法士がおこなう、利用者の手や足を持つ関節可動域訓練や筋力を向上させるような訓練は医療行為になるため、訪問介護員はできません。しかし、リハビリテーション（以下、リハビリ）は医療行為的な目的以外にも、教育的な支援、社会活動のための支援、日常生活上の支援など幅広くおこなわれています。

そしてそれらの担い手は、医療従事者だけでなく、教育機関、職業分野ごとのトレーナー、福祉分野など多岐にわたり、訪問介護員も日常生活の場面でリハビリを目的とした支援をおこなうことが可能となっています。

患者や要介護者を対象としたリハビリは、その必要な時期ごとに機能が次のように分類されています。

急性期リハビリテーション

病気やケガをしてから早期におこなわれるリハビリ。

回復期リハビリテーション

リハビリ専門の病院や施設などに移っておこなうリハビリ。

この2つは、おもに医療職を中心におこなわれます。この段階を経た人は、退院・退所して日常生活に戻りますが、リハビリは継続する必要のある人が多く、自宅などで回復した身体機能を生活場面で活用することが重要になります。この段階を「生活（維持期）リハビリテーション」といい、訪問介護員の役割が重要となります。

さらに、平成30年4月の介護報酬改定において「生活機能向上連携加算」が強化されました。訪問介護と医療保険や介護保険でのリハビリを利用している人の場合、理学療法士などのリハビリ専門職と訪問介護のサービス提供責任者が連携を図り、リハビリ専門職の助言に基づき、自立支援の観点から訪問介護計画を策定して実施した場合に算定できるものです。

なったと理学療法士さんから聞いています。私が見守っていますから、安心してやってみてください」などと声をかけて支援します。これはまさに、**訪問介護員の基本的視点でもある「自立支援」**といえます。

> 生活リハビリテーションを詳しくみていこう！

生活リハビリは、基本的にそれまでのリハビリで獲得した身体機能が維持できるよう、その後も自分で実行するものです。

しかし、できるようになったとはいえ、体の機能的に多少困難なことを自宅で、かつ自らの意志で実行するのは容易ではありません。ですから、継続を促す存在が求められ、それが訪問介護員であるといえます。

例えば、生活場面での行動を隣で見守りながら「これはできるように

以上を踏まえ、訪問介護における生活リハビリに該当する行為とは具体的にどのようなものがあるのか、また、どこからがそれを超えた「医療行為的な支援」なのか、事例をもとに見ていきましょう。

Q81 室内でトイレや居間への移動の際、あえて遠回りをして歩行距離を増やして支援してもいいですか?

歩行訓練に一生懸命に取り組んでいる利用者さんです。何かの機会につけ、なるべく歩くことを心がけています。トイレに行くときも、あえて家の中を遠回りして、「歩く距離を伸ばしたい」と言っています。手助けしてもよいですか?

A 一概にダメとはいえません。ケアプランやサービス担当者会議で話し合った結果であれば対応できます。

トイレやその他の場所への移動介助の際、"最短距離で"という規定はありません。本人が希望していて、その必要性を他職種間で話し合い、共有していれば支援は可能です。しかし、その日の気分や思いつき、遠回りしたことでトイレに間に合わなかった……などということがあっては不適切です。

支援をするなら、例えば、「トイレに行くときは最短距離で、戻るときは家の中を遠回りして」など、方法を検討すべきでしょう。

また、単なる歩行訓練の目的のみで家の中を歩き回ることを支援するのも制限はしませんが、歩行訓練のみが目的であるならば、優先順位としては訪問リハビリテーションなどを活用したほうが適切といえます。

Q82 食事の前に病院から指示された嚥下体操を一緒におこなうのは問題ありませんか？

飲み込む力が弱ってきている利用者さんです。病院受診の際に、言語聴覚士から「食事の前に口腔体操をするように」と指導があったとのこと。やり方は紙に書いてあり、「ホームヘルパーと一緒にやってほしい」と言われたそうなのですが……。

> お上手ですね。今日もしっかりお口が開いてます

> あ～

A 一緒におこなうことは可能です。ただし、調理や食事介助などの一環としておこなうことになります。

口腔体操のみを目的とした訪問は不適切ですが、調理支援や食事介助の目的で訪問し、「配膳した際に利用者と向き合い、訪問介護員が一緒に体操をおこなう」「声かけをして、利用者がおこなう口腔体操を応援する」「指示書どおりにおこなえているかを見守る」程度であれば可能です。

間違っても、訪問介護員が直接、指導したり、言語聴覚士の指導以外のことをおこなうように誘導したりしてはいけません。

また、飲み込む力が弱っている人は、誤嚥のリスクがあるので、食事中も見守るなどの支援をおこないましょう。さらには、口の中の状態、食べるときの姿勢や食べる速さ、食材の刻み方など、他にも留意すべき点はたくさんあるので総合的に支援することが重要です。

Q83 不全麻痺（程度の軽い麻痺）なら、あえてその手で食事するのを支援してもいいでしょうか？

利き手の右側が麻痺している利用者さんです。完全な麻痺ではないため、頑張って動かすようにしています。できれば食事も自分で食べたいとのこと。あえて右手で食べていただく支援は、生活リハビリテーションとして認められますか？

わかりました

ただし、気になることがあればすぐ報告してください

Aさんですが、担当医から不全麻痺の右手を使って食事をしても問題ないと言われました

サービス提供責任者

担当ホームヘルパー

A 医師やリハビリテーション専門職からの指示があれば可能です。

こう考えよう

不全麻痺の場合、麻痺側の手や足でも、ある程度動くことがあります。普段から動かすことで、徐々に可動域や筋力が向上するので基本的にはよいことといえます。

しかし、無理をすると誤用症候群（＝過度の誤った運動・訓練により起こる機能障害）を引き起こす可能性も否定できません。医師やリハビリテーション専門職に指示や意見を求めたうえでおこなってく

ださい。さらに、ケアチームとして統一した方針のもとでおこなうことが前提ですから、サービス担当者会議や事業所内の打ち合わせ等でしっかり連携しましょう。

また、無理して右手で食べることで、うまく食事がとれず、食欲の低下や栄養が不足するなどの事態も想定されます。支援する際にはメリットとデメリットを多角的に判断することが必要です。

拘縮予防のため、入浴時に訪問介護員が腕を曲げ伸ばしするのは構いませんか?

四肢に拘縮が現れはじめている利用者さんを入浴介助しています。リハビリテーションでは拘縮予防のために四肢の屈伸運動をしているとのこと。入浴時にも自らおこなうよう指示があったそうです。訪問介護員が、手足の曲げ伸ばしを支えるなどの支援をしてもよいのでしょうか。

腕が浴槽に当たらないよう、気をつけてくださいね

A どの程度、腕を支えるのかにもよりますが、あまり適切とはいえません。

こう考えよう

湯船に入っているときに、温めながらおこなう屈伸運動は効果的です。自ら動かすことができるのであれば、見守ったり、応援の意味で声をかけたりするのは構いません。しかし、訪問介護員は、たとえ少しでも利用者の動きに力を加えて補助をすることはできません。この場合、生活リハビリテーションを超えた医療行為的な支援に当たるでしょう。

訪問介護員が支援可能な範囲は、本人が自分の力で動かす「自動運動」の見守りや声かけ、腕が浴槽に当たらないように手を添えておく程度のことです。力を加えて動きを補助する「他動運動」はしてはいけません。

また、運動に夢中になって、湯船に入る時間が長くならないように注意しましょう。

Q85 言語障害がある利用者に対し、言語聴覚士から指示された発語の練習をしてもいいですか?

　言語障害がある利用者さんです。普段からできるだけ話をするように指示が出ています。また、練習によい発声方法も指示されています。訪問介護員が一緒におこなっても問題ないでしょうか?

利用者さんが
答えやすい
聞き方をすること!

どちらに
しますか?

こっ…ち

A 発声練習を目的としての訪問はできませんが会話の中で話しやすいように支援することはできます。

こう考えよう

　まず、言語障害がある場合、言語聴覚士などから、自ら日常的におこなうように指示されているかを確認する必要があります。失語症などは言語聴覚士などの専門職によるリハビリが基本ですので要注意です。

　また、言語障害の原因によって、発声練習の方法が異なるので、訪問中に日常会話をする場合でも、正しい知識なしに支援するのは不適切です。事前に確認しておきましょう。

　そのうえで、訪問の目的が他にあって、その支援をする中であれば認められます。できるだけ話す機会を多く持つ必要があれば、その方向で支援するのはよいことです。「発声練習」という目的ではなく、日常的に会話することがリハビリにもつながります。その際、リハビリ上の指示を訪問介護員も理解しておくことが、支援するうえで重要になります。

"あいまい"が多くて迷う
通院介助＆通院等乗降介助について

通院介助（身体介護）を算定するための要件

「訪問介護におけるサービス行為ごとの区分等について（老計第10号）」では、自宅と病院間の移動の介助に加え、「受診等の手続き」「（場合により）院内の移動等の介助」も明記されており、院内介助を禁止してはいません。しかし、注意点がいくつかあります。

算定は自宅での乗車介助と病院に着いてからの降車介助で一連のサービスになる

通常は往復の支援となり、1回の通院で2回算定することになります。

※複数の医療機関を受診する場合も、医療機関間の通院等乗降介助を算定できる。さらに、入院や退院時の対応も可能。支援の起点または終点のどちらかが自宅であれば、一方がデイサービスやショートステイ先であっても算定が可能。

なお、「等」の解釈は通知によると、

- 「車の乗り降りが、1人ではできない」ことが絶対条件
- 道路運送法上の指定取得が必須

※通院等乗降介助にて支援する際、医療機関までの距離は関係ないが、かなり遠方の場合、移送費が別途必要。高額になる可能性が高いため、個別に相談し判断する。

通院介助を算定するための要件

- 訪問介護の起点と終点は基本的に自宅でなければならない
- 訪問介護で支援する必要性を、本人の身体状況や家族状況などから判断して対応する
- 院内介助は原則として、その医療機関の職員によって対応されるべきである

通院等乗降介助を算定するための要件および「等」の解釈について

"通院時に介護職が自ら運転する車への乗降を支援するサービス"であるため、

- 日用品の買い物対応
- 生活費を引き出すなどの金融機関への対応
- 通所・入所施設の見学
- 市役所などへの手続き対応
- 医療保険適用以外の治療目的の通院

などが認められています。ドライブや余暇活動時の移動などでは使用できません。

訪問介護で対応する場合には

医療従事者から指示や留意点を伝達されたら、医療用語を含め、聞き違いや誤解などがないよう把握する必要があります。ケアマネジャーなど他職種に伝達するといった事後対応が求められることもあります。まずは制度上の解釈を正確に把握し、過不足なく対応できるようにしましょう。

どちらもニーズは高いですが、自立支援や社会保障の観点からみると、導入には十分なアセスメントが求められます。

本人が1人で病院に行ければ、支援の必要はありませんが、要介護高齢者は難しいケースが多く、その場合の支援の優先順位は次のようになります。

① 家族

独居者や高齢者世帯の増加、家族がいても就労などの理由により、支援が困難なケースが増えている。

② 友人や知人、地域のボランティア

二番手だが、現実は難しいケースが多い。

③ その他（訪問介護員など）

①②での支援が難しい場合、十分なアセスメントによって候補に挙がる。

Q86 通院介助を担当している利用者が認知症で徘徊するようになりました。院内介助は認められますか?

認知症が進行し、通院介助をおこなっています。最近では、日常生活において徘徊を繰り返すようになりました。今後は受診の際にも誰かが付き添う必要があります。院内介助も認められるのでしょうか?

> わかりました

> 最近、徘徊がみられるので、目配りをお願いします

A ただ徘徊があることをもって院内介助は認められません。その度合いや院内での様子にもよります。

認知症があり、1人では病院に行けない場合、通院介助をおこなうことはできます。しかし、院内介助を算定するには、"常時目が離せない状態の徘徊があること"などが根拠として必要です。日常生活では徘徊があっても、病院内(待合室)では順番を待っていられるかもしれません。そのような状態であれば、病院の職員に目配りを頼むなどして対応することが優先されます。

こんな場合はどうなる?

Q 処置室内で点滴をおこなう際に、「自己抜去しないように見守ってほしい」と病院から頼まれました。院内介助を算定できますか?

A 点滴は診療中のため、診療報酬算定がなされています。診療報酬と介護報酬の同時算定はできず、この場合も院内介助を算定することはできません。

Q 利用者が排泄に介助が必要な場合、ずっと付き添って院内介助を算定してもよいですか?

A その間をすべて院内介助で算定することはできません。実際にトイレ介助をおこなった時間のみを請求することになります。結果的に病院内でトイレへ行かなかった場合は、算定することができません。

Q87 家族（夫）が運転免許を返納したため、通院介助を依頼されました。対応しても大丈夫ですか？

高齢のご夫婦2人暮らしで、奥様が要介護です。今まではご主人の運転で通院していましたが、運転免許を返納されました。そのため、今後は訪問介護員に通院介助を頼みたいとおっしゃるのですが……。

病院前で停車する路線バスもありますよ

タクシーをご利用になられてはいかがですか

なるほど…

A 運転免許を返納したことを理由に通院介助をおこなうことはできません。

こう考えよう

通院介助は単なる移動のための支援ではありません。「本人が自分では通院ができないこと」「家族が対応できないこと」「他に手段が見当たらないこと」をもって、初めて対応が可能になります。

このケースの場合、タクシーを頼み、ご主人が一緒に通院することは可能であると思われます。「ヘルパーさんに頼んだほうが安上がり」「面倒だから」などの理由では認められません。安易な判断で対応しないようにしましょう。

こんな場合はどうなる？

Q 座位保持にも介助が必要な利用者です。通院の際、家族が運転する車の後部座席で、訪問介護員が車中介助（身体介護）することは認められますか？

A 座位保持が必要であれば介助は欠かせませんが、優先順位は家族や知人などです。そのような支援者が見当たらなければ不可能ではありません。しかし、いすを少し後ろに倒せば座位が保てる、座位保持用のいすを設置すれば問題ないといった場合は、そちらが優先されるでしょう。

また、訪問介護事業所の車で通院介助する際に、訪問介護員が2人で対応し、1人が運転、もう1人が後部座席で体を支える介助をした場合は訪問介護員1人分のみ、移動中も身体介護で算定できます。

Q88 1日に複数の病院を続けて受診します。院内介助も必要ですが、通して身体介護を算定できますか?

利用者さんが2カ所の病院を続けて受診するので、訪問介護員が通院介助で対応したいです。院内介助の要件を満たす場合、すべて身体介護で算定していいのでしょうか。

自宅　　A病院　　B病院　　自宅

すべて要件を満たしていればOK

A 要件をすべて満たしていれば "一連の支援" という扱いにおいて算定できます。

こう考えよう

　身体介護で対応する場合は、すべてが一連のサービスとみなされるので、病院が複数にわたっても院内で身体介護が必要であれば算定できます。

　このケースは、「自宅を出る➡タクシーなどの車中で訪問介護員が身体の保持などをおこなう➡A病院で院内の移動や手続きなどの介助をする➡次の病院まで、タクシーなどの車中で介助をする➡B病院でも院内の介助をする➡帰宅する」という一連の支援になります。ですから、介助をしていた時間を合計して算定することができます。

こんな場合はどうなる?

Q 片道1時間かかる病院を受診するため通院介助を依頼されました。身寄りはなく、常に介助が必要な状態です。移動中も通して身体介護で対応できますか?

A 身体介護の算定において、距離や時間の制限はありませんが、"なぜ遠方の病院に行かなくてはならないのか" が判断基準になります。特別な治療を要するなどの理由があって、近くの医療機関から紹介状を渡されたなど、根拠となる理由が必要です。評判がよいからなどの理由では算定の根拠にはなりません。その場合は自費での対応がふさわしいでしょう。

Q89 夫婦で同じ病院を受診しています。1台の車でそれぞれ通院等乗降介助を算定してもよいですか?

ご夫婦とも同じ病院に同じ日にかかっています。どちらも要介護で乗降の介助が必要です。1台の車で、1人の訪問介護員が担当し、2人分の通院等乗降介助を算定できますか?

おじぎをして立ち上がりますよ

A 可能です。夫婦に対し、順番に介助をおこなえば双方で算定できます。

 こう考えよう

通院等乗降介助は「通院等のための車に乗降する際の介助」です。そのため車の定員以内であれば複数の利用者を乗せることができ、それぞれで算定できます。もちろん全員、乗降介助が必要であること

が条件です。

ただし、介助の必要のない家族が同乗することは認めていない都道府県があるので、各自治体に確認してください。

こんな場合はどうなる?

Q 家族の運転で病院に行きます。車の乗降介助はできないのでお願いしたいと頼まれました。院内での介助は不要ですが、その車に訪問介護員も同乗して通院します。通院等乗降介助で算定できますか?

A 通院等乗降介助は基準において「(訪問介護員)自らの運転する車両への乗車又は降車の介助」とあるため、家族が運転する車両に同乗しての介助は認められません。身体介護で算定する場合は、自宅内での身体介護に連続しておこなうことが必須で、なおかつ要介護度によって要件が異なります。老振発第0508001号を確認してください。

Q ともに要介護の夫婦が同じ日に違う病院を受診します。2人を1台の車に乗せ、それぞれの病院まで送った場合、それぞれで算定できますか?

A 可能です。例えば、複数の利用者宅を1軒1軒回って乗車介助して、それぞれの病院で降車介助をおこなった場合、利用者ごとに通院等乗降介助が算定できます。ただし、運賃については「遠回りした分も払わされた」などのトラブルにならないよう、それぞれの自宅から目的の病院までの最短距離でいただくことが望ましいといえます。

Q90 行きは通院等乗降介助、帰りは身体介護で算定できますか?

病院へ行くときは通院等乗降介助のみですが、帰りは帰宅後に入浴介助などもおこなうため身体介護で算定したいです。可能でしょうか?

A 可能です。必要な根拠があればそれぞれで算定できます。

こう考えよう

通院等乗降介助は行きと帰りのセットが原則ですが、例外も認めています。このケースのように、出発前には身体介護が必要でなければ、行きは通院等乗降介助で算定するしかなく、帰宅後に30分から1時間の身体介護が必要であれば、通院の要件を満たしたうえで、算定は可能になると考えられます。

他にも入院や退院時の対応も可能です。また、帰りのみ家族が迎えに来るといった場合には、片道だけの算定が可能です。いずれにしても、保険者の見解が重要なため、算定前に各自治体に確認してください。

こんな場合はどうなる?

Q 出発前に生活援助で洗濯や掃除などを支援してから、続けて通院等乗降介助で病院へ行くのですが、両方算定できますか?

A できます。それぞれのサービスの目的が明確で、独立していれば続けての算定が可能です。たとえ身体介護による通院介助であっても可能です。できないのは、自宅内での身体介護に続けて通院等乗降介助を算定することです。この場合は、乗降介助も含めて一連の身体介護として算定します(ただし運転時間は除く)。

「訪問介護におけるサービス行為ごとの区分等について」

（平成12年3月17日　老計第10号　各都道府県介護保険主管部（局）長あて　厚生省老人保健福祉局老人福祉計画課長通知）
（平成30年3月30日　老振発0330第2号　各都道府県介護保険主管部（局）長あて　厚生労働省老健局振興課長通知）

　　訪問介護の介護報酬については、「指定居宅サービスに要する費用の額の算定に関する基準（訪問通所サービス及び居宅療養管理指導に係る部分）及び指定居宅介護支援に要する費用の額の算定に関する基準の制定に伴う実施上の留意事項について」（平成12年3月1日付厚生省老人保健福祉局企画課長通知）において、その具体的な取扱いをお示ししているところであるが、今般、別紙の通り、訪問介護におけるサービス行為ごとの区分及び個々のサービス行為の一連の流れを例示したので、訪問介護計画及び居宅サービス計画（ケアプラン）を作成する際の参考として活用されたい。

　　なお、「サービス準備・記録」は、あくまでも身体介護又は生活援助サービスを提供する際の事前準備等として行う行為であり、サービスに要する費用の額の算定にあたっては、この行為だけをもってして「身体介護」又は「生活援助」の一つの単独行為として取り扱わないよう留意されたい。

　　また、今回示した個々のサービス行為の一連の流れは、あくまで例示であり、実際に利用者にサービスを提供する際には、当然、利用者個々人の身体状況や生活実態等に即した取扱いが求められることを念のため申し添える。

1－0　サービス準備・記録等

　　サービス準備は、身体介護サービスを提供する際の事前準備等として行う行為であり、状況に応じて以下のようなサービスを行うものである。

1－0－1　健康チェック

利用者の安否確認、顔色・発汗・体温等の健康状態のチェック

1－0－2　環境整備

換気、室温・日あたりの調整、ベッドまわりの簡単な整頓等

1－0－3　相談援助、情報収集・提供
1－0－4　サービス提供後の記録等

1－1　排泄・食事介助

1－1－1　排泄介助
1－1－1－1　トイレ利用

● トイレまでの安全確認→声かけ・説明→トイレへの移動（見守りを含む）→脱衣→排便・排尿→後始末→着衣→利用者の清潔介助→居室への移動→ヘルパー自身の清潔動作

1　身体介護

　　身体介護とは、❶利用者の身体に直接接触して行う介助サービス（そのために必要となる準備、後かたづけ等の一連の行為を含む）、❷利用者のADL・IADL・QOLや意欲の向上のために利用者と共に行う自立支援・重度化防止のためのサービス、❸その他専門的知識・技術（介護を要する状態となった要因である心身の障害や疾病等に伴って必要となる特段の専門的配慮）をもって行う利用者の日常生活上・社会生活上のためのサービスをいう。（仮に、介護等を要する状態が解消されたならば不要※となる行為であるということができる。）

※例えば入浴や整容などの行為そのものは、たとえ介護を要する状態等が解消されても日常生活上必要な行為であるが、要介護状態が解消された場合、これらを「介助」する行為は不要となる。同様に、「特段の専門的配慮をもって行う調理」についても、調理そのものは必要な行為であるが、この場合も要介護状態が解消されたならば、流動食等の「特段の専門的配慮」は不要となる。

始末→汚れた衣服の処理→ヘルパー自身の清潔動作

1−2−2 部分浴
1−2−2−1 手浴及び足浴
- ヘルパー自身の身支度→物品準備（湯・タオルなど）→声かけ・説明→適切な体位の確保→脱衣→皮膚等の観察→手浴・足浴→体を拭く→乾かす→着衣→安楽な姿勢の確保→水分補給→身体状況の点検・確認→使用物品の後始末→ヘルパー自身の清潔動作

1−2−2−2 洗髪
- ヘルパー自身の身支度→物品準備（湯・タオルなど）→声かけ・説明→適切な体位の確保→洗髪→髪を拭く・乾かす→安楽な姿勢の確保→水分補給→身体状況の点検・確認→使用物品の後始末→ヘルパー自身の清潔動作

1−2−3 全身浴
- 安全確認（浴室での安全）→声かけ・説明→浴槽の清掃→湯はり→物品準備（タオル・着替えなど）→ヘルパー自身の身支度→排泄の確認→脱衣室の温度確認→脱衣→皮膚等の観察→浴室への移動→湯温の確認→入湯→洗体・すすぎ→洗髪・すすぎ→入湯→体を拭く→着衣→身体状況の点検・確認→髪の乾燥、整髪→浴室から居室への移動→水分補給→汚れた衣服の処理→浴槽の簡単な後始末→使用物品の後始末→ヘルパー自身の身支度、清潔動作

1−2−4 洗面等
- 洗面所までの安全確認→声かけ・説明→洗面所への移動→座位確保→物品準備（歯ブラシ、歯磨き粉、ガーゼなど）→洗面用具準備→洗面（タオルで顔を拭く、歯磨き見守り・介助、うがい見守り・介助）→居室への移動（見守りを含む）→使用物品の後始末→ヘルパー自身の清潔動作

1−2−5 身体整容（日常的な行為としての身体整容）
- 声かけ・説明→鏡台等への移動（見守りを含む）→座位確保→物品の準備→整容（手足の爪きり、耳そうじ、髭の手入れ、髪の手入れ、簡単な化粧）→使用物品の後始末→ヘルパー自身の清潔動作

1−2−6 更衣介助
- 声かけ・説明→着替えの準備（寝間着・下着・外出着・靴下等）→上半身脱衣→上半身着衣→下半身脱衣→下半身着衣→靴下を脱がせる→靴下を履かせる→着替えた衣類を洗濯物置き場に運ぶ→スリッパや靴を履かせる

- （場合により）失禁・失敗への対応（汚れた衣服の処理、陰部・臀部の清潔介助、便器等の簡単な清掃を含む）

1−1−1−2 ポータブルトイレ利用
- 安全確認→声かけ・説明→環境整備（防水シートを敷く、衝立を立てる、ポータブルトイレを適切な位置に置くなど）→立位をとり脱衣（失禁の確認）→ポータブルトイレへの移乗→排便・排尿→後始末→立位をとり着衣→利用者の清潔介助→元の場所に戻り、安楽な姿勢の確保→ポータブルトイレの後始末→ヘルパー自身の清潔動作
- （場合により）失禁・失敗への対応（汚れた衣服の処理、陰部・臀部の清潔介助）

1−1−1−3 おむつ交換
- 声かけ・説明→物品準備（湯・タオル・ティッシュペーパー等）→新しいおむつの準備→脱衣（おむつを開く→尿パットをとる）→陰部・臀部洗浄（皮膚の状態などの観察、パッティング、乾燥）→おむつの装着→おむつの具合の確認→着衣→汚れたおむつの後始末→使用物品の後始末→ヘルパー自身の清潔動作
- （場合により）おむつから漏れて汚れたリネン等の交換
- （必要に応じ）水分補給

1−1−2 食事介助
- 声かけ・説明（覚醒確認）→安全確認（誤飲兆候の観察）→ヘルパー自身の清潔動作→準備（利用者の手洗い、排泄、エプロン・タオル・おしぼりなどの物品準備）→食事場所の環境整備→食事姿勢の確保（ベッド上での座位保持を含む）→配膳→メニュー・材料の説明→摂食介助（おかずをきざむ・つぶす、吸い口で水分を補給するなどを含む）→服薬介助→安楽な姿勢の確保→気分の確認→食べこぼしの処理→後始末（エプロン・タオルなどの後始末、下膳、残滓の処理、食器洗い）→ヘルパー自身の清潔動作

1−1−3 特段の専門的配慮をもって行う調理
- 嚥下困難者のための流動食等の調理

1−2 清拭・入浴、身体整容
1−2−1 清拭（全身清拭）
- ヘルパー自身の身支度→物品準備（湯・タオル・着替えなど）→声かけ・説明→顔・首の清拭→上半身脱衣→上半身の皮膚等の観察→上肢の清拭→胸・腹の清拭→背の清拭→上半身着衣→下肢脱衣→下肢の皮膚等の観察→下肢の清拭→陰部・臀部の清拭→下肢着衣→身体状況の点検・確認→水分補給→使用物品の後

1−5 服薬介助
- 水の準備→配剤された薬をテーブルの上に出し、確認（飲み忘れないようにする）→本人が薬を飲むのを手伝う→後かたづけ、確認

1−6 自立生活支援・重度化防止のための 見守り的援助
（自立支援、ADL・IADL・QOL向上の観点から安全を確保しつつ常時介助できる状態で行う見守り等）
- ベッド上からポータブルトイレ等（いす）へ利用者が移乗する際に、転倒等の防止のため付き添い、必要に応じて介助を行う。
- 認知症等の高齢者がリハビリパンツやパット交換を見守り・声かけを行うことにより、一人で出来るだけ交換し後始末が出来るように支援する。
- 認知症等の高齢者に対して、ヘルパーが声かけと誘導で食事・水分摂取を支援する。
- 入浴、更衣等の見守り（必要に応じて行う介助、転倒予防のための声かけ、気分の確認などを含む）
- 移動時、転倒しないように側について歩く（介護は必要時だけで、事故がないように常に見守る）
- ベッドの出入り時など自立を促すための声かけ（声かけや見守り中心で必要な時だけ介助）
- 本人が自ら適切な服薬ができるよう、服薬時において、直接介助は行わずに、側で見守り、服薬を促す。
- 利用者と一緒に手助けや声かけ及び見守りしながら行う掃除、整理整頓（安全確認の声かけ、疲労の確認を含む）
- ゴミの分別が分からない利用者と一緒に分別をしてゴミ出しのルールを理解してもらう又は思い出してもらうよう援助
- 認知症の高齢者の方と一緒に冷蔵庫のなかの整理等を行うことにより、生活歴の喚起を促す。
- 洗濯物を一緒に干したりたたんだりすることにより自立支援を促すとともに、転倒予防等のための見守り・声かけを行う。
- 利用者と一緒に手助けや声かけ及び見守りしながら行うベッドでのシーツ交換、布団カバーの交換等
- 利用者と一緒に手助けや声かけ及び見守りしながら行う衣類の整理・被服の補修
- 利用者と一緒に手助けや声かけ及び見守りしながら行う調理、配膳、後片付け（安全確認の声かけ、疲労の

1−3 体位変換、移動・移乗介助、外出介助
1−3−1 体位変換
- 声かけ、説明→体位変換（仰臥位から側臥位、側臥位から仰臥位）→良肢位の確保（腰・肩をひく等）→安楽な姿勢の保持（座布団・パットなどあて物をする等）→確認（安楽なのか、めまいはないのかなど）
1−3−2 移乗・移動介助
1−3−2−1 移乗
- 車いすの準備→声かけ・説明→ブレーキ・タイヤ等の確認→ベッドサイドで端座位の保持→立位→車いすに座らせる→座位の確保（後ろにひく、ずれを防ぐためあて物をするなど）→フットレストを下げて片方ずつ足を乗せる→気分の確認
- その他の補装具（歩行器、杖）の準備→声かけ・説明→移乗→気分の確認
1−3−2−2 移動
- 安全移動のための通路の確保（廊下・居室内等）→声かけ・説明→移動（車いすを押す、歩行器に手をかける、手を引くなど）→気分の確認
1−3−3 通院・外出介助
- 声かけ・説明→目的地（病院等）に行くための準備→バス等の交通機関への乗降→気分の確認→受診等の手続き
- （場合により）院内の移動等の介助

1−4 起床及び就寝介助
1−4−1 起床・就寝介助
1−4−1−1 起床介助
- 声かけ・説明（覚醒確認）→ベッドサイドでの端座位の確保→ベッドサイドでの起きあがり→ベッドからの移動（両手を引いて介助）→気分の確認
- （場合により）布団をたたみ押入に入れる
1−4−1−2 就寝介助
- 声かけ・説明→準備（シーツのしわをのばし食べかすやほこりをはらう、布団やベッド上のものを片づける等）→ベッドへの移動（両手を引いて介助）→ベッドサイドでの端座位の確保→ベッド上での仰臥位又は側臥位の確保→リネンの快適さの確認（掛け物を気温によって調整する等）→気分の確認
- （場合により）布団を敷く

2-2 洗濯
- 洗濯機または手洗いによる洗濯
- 洗濯物の乾燥（物干し）
- 洗濯物の取り入れと収納
- アイロンがけ

2-3 ベッドメイク
- 利用者不在のベッドでのシーツ交換、布団カバーの交換等

2-4 衣類の整理・被服の補修
- 衣類の整理（夏・冬物等の入れ替え等）
- 被服の補修（ボタン付け、破れの補修等）

2-5 一般的な調理、配下膳
- 配膳、後片づけのみ
- 一般的な調理

2-6 買い物・薬の受け取り
- 日用品等の買い物（内容の確認、品物・釣り銭の確認を含む）
- 薬の受け取り

確認を含む）
- 車イス等での移動介助を行って店に行き、本人が自ら品物を選べるよう援助
- 上記のほか、安全を確保しつつ常時介助できる状態で行うもの等であって、利用者と訪問介護員等がともに日常生活に関する動作を行うことが、ADL・IADL・QOL向上の観点から、利用者の自立支援・重度化防止に資するものとしてケアプランに位置付けられたもの

2 生活援助

生活援助とは、身体介護以外の訪問介護であって、掃除、洗濯、調理などの日常生活の援助（そのために必要な一連の行為を含む）であり、利用者が単身、家族が障害・疾病などのため、本人や家族が家事を行うことが困難な場合に行われるものをいう。（生活援助は、本人の代行的なサービスとして位置づけることができ、仮に、介護等を要する状態が解消されたとしたならば、本人が自身で行うことが基本となる行為であるということができる。）

※次のような行為は生活援助の内容に含まれないものであるので留意すること。

❶ 商品の販売・農作業等生業の援助的な行為

❷ 直接、本人の日常生活の援助に属しないと判断される行為

2-0 サービス準備等
サービス準備は、生活援助サービスを提供する際の事前準備等として行う行為であり、状況に応じて以下のようなサービスを行うものである。

2-0-1 健康チェック
利用者の安否確認、顔色等のチェック

2-0-2 環境整備
換気、室温・日あたりの調整等

2-0-3 相談援助、情報収集・提供

2-0-4 サービスの提供後の記録等

2-1 掃除
- 居室内やトイレ、卓上等の清掃
- ゴミ出し
- 準備・後片づけ

監修・著
能本 守康（のもと もりやす）

茨城県訪問介護協議会 会長
茨城県介護支援専門員協会 副会長

介護福祉士、主任介護支援専門員、相談支援専門員。㈱ケアファクトリー
代表取締役。日本介護支援専門員協会 常任理事。著書に『Q&A 訪問介護
サービスのグレーゾーン 第4次改訂版』（ぎょうせい）などがある。

デザイン ● d-room（三宅祐子）　　校正 ● 株式会社円水社
イラスト ● 藤原ヒロコ　　　　　　製版 ● 株式会社明昌堂
　　　　　　　　　　　　　　　　　編集 ● 神田裕子

へるぱるブックス
イラストと事例でわかる！　あいまいゾーン
訪問介護で「できること」「できないこと」

発行日　2024年3月30日　初版第1刷発行

監修・著 ● 能本守康
発 行 者 ● 大村 牧
発　　　行 ● 株式会社ワンダーウェルネス
発行・発売 ● 株式会社世界文化社
　　　　　　〒102-8194　東京都千代田区九段北4-2-29
　　　　　　電話　03-3262-3913（編集部）
　　　　　　　　　03-3262-5115（販売部）
印刷・製本 ● 株式会社リーブルテック

※本書は、訪問介護職向けの情報誌『へるぱる』2017年〜2022年掲載分に、
　一部加筆・修正をおこない再編集したものです。